# 图书馆读者服务工作方法探索

刘梅芳　柏晓静　李　宁 ◎ 著

吉林文史出版社

**图书在版编目（CIP）数据**

图书馆读者服务工作方法探索 / 刘梅芳，柏晓静，
李宁著．-- 长春：吉林文史出版社，2023.7
ISBN 978-7-5472-9579-3

Ⅰ．①图… Ⅱ．①刘… ②柏… ③李… Ⅲ．①图书馆
工作－读者服务－研究 Ⅳ．① G252

中国国家版本馆 CIP 数据核字（2023）第 136541 号

TUSHUGUAN DUZHE FUWU GONGZUO FANGFA TANSUO

| | | |
|---|---|---|
| 书　　名 | 图书馆读者服务工作方法探索 |
| 作　　者 | 刘梅芳　柏晓静　李　宁 |
| 责任编辑 | 陈　昊　张　蕊 |
| 出版发行 | 吉林文史出版社有限责任公司 |
| 地　　址 | 长春市福祉大路 5788 号 |
| 网　　址 | www.jlws.com.cn |
| 印　　刷 | 北京四海锦诚印刷技术有限公司 |
| 开　　本 | 787mm×1092mm　16 开 |
| 印　　张 | 11.5 |
| 字　　数 | 273 千字 |
| 版　　次 | 2023 年 7 月第 1 版　2023 年 7 月第 1 次印刷 |
| 定　　价 | 52.00 元 |
| 书　　号 | ISBN 978-7-5472-9579-3 |

# 前　言

　　图书馆作为文化体系的重要组成部分，需要随着人们生活水平的不断提高而不断调整。在当今信息化时代，读者服务已经成为图书馆管理与服务的重要组成部分，探索图书馆读者服务工作方法，不仅能提升服务质量，还能推动图书馆进一步发展。

　　本书以"图书馆读者服务工作方法探索"为选题，探讨相关内容。全书共分为七章：第一章是图书馆读者工作的基本理论，阐述读者形成的条件分析、读者的结构与类型、读者工作的意义及内容、读者工作的基本原则；第二章分析图书馆读者阅读心理与需求，内容包括读者心理活动及阅读特征、影响读者阅读行为的因素、读者需求类型及变化趋势；第三章解读图书馆读者服务的方法体系，内容涉及文献外借与阅览服务、编译服务与参考咨询服务、情报服务与信息检索服务、电子文献传递与自助服务；第四章是图书馆读者荐购服务与优化研究，内容涵盖图书馆读者荐购服务概述、图书馆读者荐购服务的理论依据、图书馆读者荐购服务的特点与成效、图书馆读者荐购服务的优化及展望；第五章为不同类型图书馆读者服务工作探究，内容包括高校图书馆读者服务工作、基层图书馆读者服务工作、少儿图书馆读者服务工作；第六章通过图书馆读者服务工作者的自身建设研究，论述读者服务工作者自身建设的意义及作用、读者服务工作者自身建设的主要内容、读者服务工作者自身建设的方法与途径；第七章探索图书馆读者服务工作变化与创新发展，内容涉及图书馆读者服务工作的变化及应对、图书馆读者服务的精细化发展、大数据技术与图书馆读者服务工作创新、新媒体时代图书馆读者服务工作完善。

　　本书体系完整，层次清晰，全面地介绍了图书馆读者服务工作的理论、方法与可持续化发展。本书紧跟时代发展，满足用户不断更新的需求，进一步推动图书馆读者服务工作发展。本书可供广大图书馆读者服务工作从业人员、高校师生与知识爱好者阅读使用，有一定的参考价值。

笔者在撰写本书的过程中，得到了许多专家、学者的帮助和指导，在此表示诚挚的谢意。由于笔者水平有限，书中所涉及的内容难免有疏漏之处，希望各位读者多提宝贵的意见，以便笔者进一步修改，使之更加完善。

作者

2023 年 4 月

# 目　录

# 第一章
# 图书馆读者工作的基本理论

## 第一节　读者形成的条件分析

读者是人类社会发展到一定历史阶段必然出现的社会角色，是社会进步和人类文明的必然产物。读者是图书馆产生和图书馆工作的基础，没有读者，就无所谓图书馆事业和图书馆工作。

### 一、读者形成的客观条件

第一，社会物质生产水平的提高，是社会成员开展阅读活动的根本条件。随着人类社会和文字文献的出现，人类对信息的需求主要借助于文字记载的文献来满足。文献记载社会发展，来自社会发展，来自社会的物质生产。随着人类社会物质生产的不断发展，人类生存空间不断扩大，人们的社会实践活动不断丰富，精神追求不断增多，这一方面激发了人们的文献信息需求，另一方面又丰富了文献的内容，如此循环，使人们对文献信息的需求不断扩大和发展，进一步促进文献阅读活动的发展。

第二，文献生产方式的进步，有利于人类阅读活动的开展。人类在没有文字和文献之前，也有阅读活动，那是个体自发进行的对自然和社会信息符号的认知活动。人类社会的发展和人类生存进步的现实需要催生了文字。文字保存人类的记忆，实现人类超越时空的知识交流和精神交流，记忆知识和社会信息，进而形成文献，进一步促进人类社会知识的交流和沟通。尤其是在造纸和印刷技术问世以后，人类的精神、知识交流突破了时空的界限，大大促进了人类的阅读活动，改变了人的思维方式、认知方式和生活方式，从而创造出了更多的文献。当下新媒体技术、信息技术与图书馆事业的发展，更增加了文献的容量，改变甚至颠覆了原先人类接触、获取、使用文献信息的方式，人类的阅读内容、方式不同于任何历史时期，人类阅读的时间也空前增多。网络环境下，图书馆的信息需求用户较以前发生明显变化，呈现出了社会化、多元化、动态化等特性，社会各阶层、各领域的人都可以成为公共图书馆的现实和潜在信息需求用户。通过什么介质来阅读已经变得无足轻重，重要的是阅读的内容和方法。由此可见，人类文献生产方式的进化，既是人类开展阅读活动的直接客观条件，也是改变人类阅读内容和方式、习惯的重要客观因素。

## 二、读者形成的主观条件

第一，阅读文献的主观需要和诉求是一个自然人成为文献读者的最为根本的主观条件。人类为了生存和发展，需要了解外在客观世界和自身主观世界的信息，需要与人交往，沟通了解信息、交流情感。沟通了解信息的方式中，更便捷和高效率的是接触、阅读文献资料。人类只要主观上有接触、阅读文献信息的愿望，就能产生阅读行为。文献的阅读诉求制约、影响读者其他内在意识活动，诸如认知、情感、意志、动机、态度等心理过程的发生和形成，是决定一个社会自然人是否开展阅读活动的根本的内在动因。

第二，一定的文化素养和阅读能力是社会自然人接触、阅读文献成为读者所应具备的必要条件。文献是一种用文字记载人类文明的载体，有些文献则是人类科技文化的高端结晶。文字和文献出现以前，人对社会自然信息也有了解、认知、记识，不过此时的人只是一种宽泛意义上的阅者、看者，而并非现代意义上的文献读者。

第三,有付诸实施的接触、认知、使用文献的实际活动和行为,才是真正意义上的读者。一般意义上说，不管是到馆读者，还是馆外潜在读者或虚拟读者，只要其有阅读文献信息的主观诉求，又具有一定的文化素养和理解、阅读、使用文献信息的能力，并实际与文献信息发生关系，有阅读行为和活动，就是文献信息的读者。判断和衡量的依据就是接触文献，有阅读行为。所以说是否具有阅读行为是社会自然人与具有读者身份的社会成员的根本区别。当然，读者是一个具有特定时空含义的相对的概念，已经成为某种文献或某个图书馆（档案馆）的读者，如果他放弃或终结已有的阅读行为，他就不再是某种文献或某个图书馆（档案馆）的读者。而潜在读者，一旦他接触、使用文献或在某个图书馆（档案馆）确认了读者身份，履行了读者在一家图书馆（档案馆）所必须签署的借书和阅读等契约，他立即就成为现实的文献读者。由此可见，读者概念的内涵和本质特征是社会自然人具有阅读的需求，具有一定的文化素养和阅读能力，以及真切可见的文献阅读行为。

# 第二节　读者的结构与类型

## 一、读者的结构

结构是组成一个整体的各个因素之间内在的稳定的联系。读者群体的结构相当复杂，有必要对其做出详细了解，以便有针对性地开展读者服务工作。读者结构是指构成读者队伍的社会因素和自然因素之间内在的稳定的组织系统。特定环境下，由于受文化教育和社会任务乃至地域、性别等因素的影响，趋同读者会产生相同或近似的情感、观念、态度和阅读诉求，同时，由于读者年龄、性别职业等差异，读者的阅读诉求和具体行为会表现出不同的特点。所以说，包括图书馆读者在内的读者也是有不同层次和类别的，这些不同层次和类别的读者构成读者的整体结构。

根据读者队伍的社会因素划分，读者结构可以分为职业结构、知识结构、民族结构；根据读者队伍的自然因素划分，读者结构可以分为年龄结构、性别结构、生理结构、地域结构等。某一具体图书馆读者的构成，就是由不同职业、文化水平、性别、年龄、专业素养构成的组织体系。读者结构展现了图书馆队伍构成，反映了图书馆的服务对象。不同文献的需求和使用程度受读者结构影响，不同的读者结构对馆藏书的要求也不同，而且，读者结构和图书馆藏结构之间相互影响、制约，馆藏结构和读者结构两者之间要互相调整直至匹配，才能实现图书馆的健康和谐发展。也就是说，随着读者结构发生变动，馆藏结构也要进行调整以适应这种需求；当馆藏结构建立后，要重新明确自己所服务的读者结构。因此，读者结构的研究是非常必要的，它使我们了解和掌握图书馆的读者队伍构成现状及发展趋势，为做好图书馆服务工作提供现实依据。

读者结构是一种无形的客观存在，是一个动态发展变化的主体系统。读者结构虽然有一定的稳定性，但是随着历史和社会的发展，以及现实需要和读者个人发展需要的变化，而随时会发生变化和整合。读者在接触文献、认知文献的过程中，具有以下特点：①具有接触、认知文献的主动性和目的性；②具有接触、认知文献的选择性，主要是人的精力有限，只能选择自己最需要、最感兴趣的文献进行阅读；③接触、认知过程的中介或传输途径具有多样性，现代化的图书馆拥有多种载体文献，能为读者接触、认知文献提供所需要的中介和传输途径；④认知过程具有综合性，读者会结合自己已有的认知，不断对文献信息进行综合性加工处理，与已有的知识建立新的联系，丰富发展自己新的知识系统；⑤接触、认知文献具有创造性。

读者结构的类型划分如下：

## （一）基于自然属性的结构划分

### 1. 读者的性别结构

性别是人的自然属性，其在阅读过程中所表现出来的心理与行为活动是有明显差异的。在图书馆读者服务工作中，包括在家庭、社区中，人们发现，读者的性别差异反映在阅读需求、阅读兴趣和阅读能力等方面，与读者的年龄是密切相关的。读者的性别结构提示我们既注重和满足不同性别读者的阅读内容和兴趣方面的需求，同时也应更多关照女性读者，多为她们创造有利于增强阅读兴趣、提高阅读能力的条件和机会。

### 2. 读者的年龄结构

年龄结构是指图书馆的读者群按年龄段划分构成的比例，其所反映的是读者接受和理解文献过程中的心理素质和智力状况。年龄是人类的自然属性，不同年龄段的读者智力认知能力和社会分工不同，自然表现出对文献信息需求层次的差异性，呈现各自不同的阅读兴趣、阅读目的和阅读方式。这也是我们针对不同年龄段读者的上述特点开展读者服务工作的原则和依据。

随着新媒体科技和计算机技术的飞速发展，以及图书馆数字化的加快，人类获取知识和信息的手段方式增多，为年轻人学习、研究、娱乐创造了有利条件。年轻读者是图书馆和文献资料的主要使用者，因此，图书馆如何引导年轻人有效使用图书馆文献资料，进行学习研究（包括休闲娱乐），是一个应该引起重视的问题。

读者年龄特征是指读者在生理、心理、智力机制方面正常发展的情况下呈现出来智力和心理状态。我们依据年龄可以将读者划分为少儿读者、青年读者、中年读者和老年读者等多种类型。[①]

### 3. 读者的特殊生理结构

特殊生理结构是指丧失部分生理机能的读者群所表现出来的生理结构，这部分读者尽管由于生理上有缺陷，造成工作、学习和生活上的不便，但是他们同样有阅读文献的需求

---

① 少儿读者所表现出的阅读内容、方式、目的、兴趣等特性，明显不同于其他年龄段的读者。青年读者在成年读者中是最充满活力的，也是较为复杂的读者群体。他们对各种事物和信息具有强烈的好奇心、敏感性和探求精神，他们所表现出的阅读内容、方法和兴趣等方面的特性具有多样性、复杂性和不稳定性。中年读者是读者群体中相当成熟的群体，体现在人生阅历、专业知识和思想水平方面相对成熟，所以他们在阅读内容、方式和兴趣等方面都具有明显的稳定性和专指性。老年读者是读者中最为成熟的群体，保守求稳思想增加，较少受新思想、新观念的影响。

和能力。一些有视障、听障等问题的读者，可以通过特定的文献信息进行阅读。这些特殊读者在阅读文献类型、阅读手段和服务方式上，受生理缺陷的制约，有特殊的需求。比如，听障读者通过手语阅读，盲人读者通过触摸盲文读物阅读等，图书馆应为他们提供便捷的服务，有条件的图书馆还应上门开展服务。

## （二）基于学历属性的结构划分

### 1. 读者的文化结构

文化结构是指通过学校教育具有一定学历的读者，在文献阅读过程中，所表现出来的文化程度和知识范围的需求比例。文化结构主要表现在读者的文化特征上，能够反映读者对文献信息的接受能力和利用方式。不同文化水平的读者对文献的阅读内容、范围和深度是不同的，对图书馆的利用方式和需求价值也是不同的。

读者文化特征是指具有一定学历和专业技术职务的读者，在阅读内容、方式、目的等方面所表现出来的层次上的差异。读者文化特征既反映各种教育程度和不同专业技术职务的读者在文献信息的阅读对象范围和阅读水平方面的差异，也反映其对文献信息利用方式及需求价值上的区别。我们重视和研究读者的文化特征，可以把握图书馆读者文化特征的主流，做文献采编、保藏和流通服务工作，更好地发挥图书馆的作用。

### 2. 读者的职业结构

职业是指人们为了生存并能从中获取报酬所从事的某种业务或工作，它既是社会分工的需要和必然，也是人们赖以谋生的手段。社会分工不同，职业种类也多种多样，按行业大类区分，有工业、农业、商业、科技、教育、卫生等行业，每个行业中又有许多具体的职业、专业和工种。职业结构是指读者在文献阅读过程中所体现出来的各种职业需求的比例，它主要表现为阅读中的职业需要、职业兴趣等特征，其作用主要表现在它能反映出读者相对稳定而又持久的阅读倾向。

从读者职业结构角度来说，不同的读者职业结构决定着阅读活动的不同内容和形式，构成读者群的不同类型。而稳定的职业结构，长期影响着读者的阅读取向。

读者职业特征是指读者从事某种职业、专业工作所表现出来的职业需求、职业兴趣和职业阅读活动的综合现象，这种现象反映了这类读者连续持久的阅读方向和发展趋势。当然，不同职业、不同专业、不同行业和工种的读者，具有不同的阅读需求、阅读方式和阅读特点。他们虽有某些共同的阅读特征，但也有明显差异。大学教师和工人的阅读特征不会一样；文艺读者和农民读者的阅读特征也有明显差异。认识到这一点，对于图书馆、档案馆乃至文化信息产品营销机构而言，都是有意义的，可以有针对性地开展读者服务工作。

## 二、读者的类型

读者在公共图书馆扮演的角色是双重的，从文献阅读的角度来讲，它是主体。从资源建设的角度而言，它又是客体。从当下公共图书馆建设的情况来看，读者在信息交流过程中扮演的是核心角色，他们要从自身出发发出信息，还要对信息进行综合处理、客观评价。实际上，我们可以对读者进行如下方面的划分：

### （一）根据读者所处空间为标准划分

就读者所处空间不同的角度来说，我们可以将读者分为以下几种：

第一，馆内型。馆内读者是指前往公共图书馆来进行信息检索，获取自己所需要的知识的读者。我们通过比较现代读者和传统读者的差异能够发现，他们虽然存在部分一致化特征，但是在实现途径方面存在着明显的差异。

第二，远程型。远程性是指利用现代化的各种媒体，通过账号登录等方式进行信息检索的读者，他们会以远程的路径来进行信息定位。目前，计算机的普及化程度越来越高，数字资源的类型更加多样，这类型读者的数量较之前获得了明显的增长。

### （二）根据读者对文献的使用情况为标准划分

就文献的角度而言，根据读者对其应用的差异，我们可以将读者分为以下几种：

第一，文献型读者。文献型读者是指在获取信息的过程中以检索纸质文献，阅读纸质文献为目的读者。他们由于自身资源获取的特殊性，因此对于纸质文献有着较强的依赖。有时，他们对于纸质文献的偏好也是由于对网络资源的获取渠道掌握不够到位，对数字资源的使用不甚熟悉，所以才会更多地选择纸质文献来进行阅读。

第二，网络型读者。网络型读者对于网络的使用十分熟悉，他们也对数字信息十分敏感，习惯了依赖平台进行资源的检索。公共图书馆当中的不少信息只能通过电子平台来进行检索，这也是弥补纸质文献缺失的一种有效形式。

第三，混合型读者。综合使用文献型读者与网络型读者两种文献检索方式的读者，我们就将其称作是混合型读者。他们既会选择电子平台进行文献检索，也会利用纸质文献来查阅知识，不管对哪一种方式都没有特殊的偏好。他们会结合自己需要检索的文献来选择不同的方式，这样的读者能够获得更加全面和科学的信息。

## （三）根据授权凭证情况为标准划分

就读者授权的现实实践而言，我们可以将读者分为以下几种：

第一，借阅证读者。借阅证读者会凭借其借阅证进入公共图书馆。他们的信息检索方式不会受到限制，可以选择纸质阅读，也可以选择登录账号来访问公共图书馆的网站。包括数据分类搜索、阅览室查询以及数据库访问等。

第二，授权读者。没有办理公共图书馆借阅证，但是已经完成基本的注册流程的读者就属于这一类型的读者。他们会通过公共图书馆的信息指引来授权检索。这类型读者需要有合法的登录授权，他们的信息也会受到保护。

第三，未授权读者。未授权读者是指被公共图书馆授权登录网站，却没有下载权限的读者。他们对公开的信息具有访问权，但是对于馆内信息没有下载权限。

# 第三节　读者工作的意义及内容

## 一、读者工作的意义

读者工作，就图书馆实践活动而言，是指组织读者利用图书馆资源的各项活动。就理论体系而言，是指研究读者及其活动规律的学问，即"读者学"（亦称读者工作学）的理论体系。

读者工作的意义如下：

第一，读者工作是帮助读者利用文献、开发文献资源的桥梁。读者工作是读者利用文献进行信息交流的中介，是促进人类文明进步的桥梁。所以作为图书馆，要重视读者工作的开展，真正切实地坚持服务社会、服务读者的办馆宗旨，以读者为中心，提高服务水平和服务质量。作为负责读者工作的具体工作人员，在角色定位上，一方面，应善于学习，不断充实和提高自身的知识素养去充当信息的导航员、知识的工程师；另一方面，必须摆正读者与读者工作的位置，坚持读者至上的工作原则，自觉地从满足读者需求中体现出读者工作的社会价值，促进读者对文献的广泛交流，帮助读者提高选择和鉴别文献的能力，指导读者掌握文献检索途径和方法，以获取适合读者相关专业所需的典藏文献。

第二，读者工作是改进和发展图书馆诸多工作的动力。读者工作是面对读者的第一线工作，所以它在图书馆的各项业务工作中占有更重要的地位。它直接面对读者，广泛接触读者，为读者服务，采纳读者的建设性建议，从而达到改进和发展图书馆的各项工作，更好地为读者服务的目的。这就是说图书馆的藏书只有通过读者才能更好地为读者所利用，图书馆的藏书也只有通过读者利用才能得到检验。读者工作是改进和发展图书馆工作的真正动力。图书馆的各项工作都将在读者工作中得到充分体现。

第三，读者工作是提高馆藏文献质量的关键。图书馆的馆藏文献需要不断吐故纳新，动态发展。剔除书籍是一项复杂的工作，离不开读者工作这一环节付诸实践，并在读者工作中反映出来。所以说读者工作是提高馆藏文献质量的关键。

总之，读者服务工作，就是组织读者利用图书馆资源的各项活动，简称为读者工作。

## 二、读者工作的内容

读者工作是一项服务性很强的工作，它采用各种形式开发利用图书馆书刊资料，信息资源，内容范围相当广泛，逐渐形成了一个完整的体系，大体包括以下四部分。

### （一）研究与组织读者

研究读者的心理、需要、特点，统计分析读者的阅读效果等，是做好读者工作的前提条件。确定读者服务范围与服务重点，制订读者发展规划与计划，定期发展或登记读者，划分读者类型，掌握读者动态，组织与调整读者队伍，贯穿在读者服务工作过程的始终。

### （二）组织读者服务活动

一个图书馆以何种方式服务于读者，主要取决于本馆的性质、规模和读者需求，而且还要随着图书馆的发展和读者的需求变化而不断变化。针对读者的实际需要，利用文献、目录、设备及环境条件，有区分地开展各项服务活动。它通过外借服务、阅览服务、复制服务、咨询服务、检索服务、定题服务、报道服务、会展服务、视听服务、情报服务、网络信息服务、数字图书馆个性化服务、电子传递服务等，建立多类型、多级别的服务方法体系，有效地满足各类读者对一次文献、二次文献、三次文献的不同需求，帮助读者解决在学习、研究、工作、娱乐中选择书刊、查询资料以及获取知识信息方面的各种具体问题。这既是读者服务工作的方法体系，又是读者工作的组织形式和体现过程。

总的要求是用最少的投入，在最短的时间内，向更多的读者，提供最好的文献。

### （三）组织读者辅导活动

图书馆教育职能的体现是宣传辅导，它在了解和研究读者阅读需要的基础上，主动地向读者揭示文献的特征与内容，宣传先进的思想、科学知识、生产技术以及广泛的文化信息，把读者最关切和最重要的文献及时地展现在读者的面前，吸引读者利用图书馆的多种图书文献以及各种资源，使图书馆的资源得到更大限度的利用。

图书馆根据读者需求，主动地开展图书文献的宣传报道，陈列展览，有针对性地编制各种专题书目索引；参与读者选择书刊、检索文献、评价阅读内容以及阅读方法指导；组织广泛的学术报告活动和科学技术交流活动，及时传递最新情报信息，普及与提高群众的科学文化知识；定期开展利用图书馆知识的宣传教育，有计划地开设文献检索知识课或讲座，帮助读者学会自己利用图书馆的知识和文献参考工具的检索方法；定期举办电子文献、数据库检索、数字图书馆利用知识讲座，充分发挥图书馆的教育职能与情报职能，吸引更多的读者开发利用图书馆。

### （四）组织读者服务管理工作

为了有效地开展读者服务活动，读者工作部门要进行自身建设和组织管理。诸如设置工作岗位，配备工作人员，组织劳动分工，明确岗位职责，建立业务人员管理、培训、考核、奖评制度；规定辅助藏书内容范围；建立服务规章制度；健全读者目录组织与使用方法；引进先进技术，改善服务环境；按照方便读者，便于管理的要求，我们要因馆制宜，建立适应图书馆管理需要的层次和部门，形成完善的读者服务体制，为读者创造良好的条件，以便不断提高服务质量和服务效益，保证读者工作健康顺利地向前发展。

读者工作的四部分内容，互相依存、紧密联系，构成完整的工作体系。组织与研究读者，是读者工作的前提条件；组织各项服务活动，是读者工作的组织形式和表现过程；组织各项宣传辅导活动，是读者工作的基本要求；组织管理工作，是顺利开展读者工作并确保成效的根本保证。

# 第四节　读者工作的基本原则

## 一、为人民服务的原则

为人民服务是我国图书馆读者工作实践和理论研究的指导思想。这个基本原则和指导思想，为读者工作指明了唯一正确的方向，为读者充分利用图书馆提供一切方便，是图书馆对读者进行有效管理的一条原则。这是图书馆性质和任务所决定的，它有利于馆藏文献的充分开发和利用，有利于提高图书馆的服务效益。

图书馆在贯彻这一原则时，应注意如下几个问题。

## （一）从读者出发进行管理

读者是图书馆存在的基础，为读者服务是图书馆工作的核心。从读者出发，以善良的人性行为为出发点来进行管理，制定尊重人的规章制度。图书馆要充分重视规章制度建设，从方便大多数读者出发。就是图书馆的规章制度和管理办法是维护大多数读者利益，而不应成为读者利用图书馆的障碍。

在实际的工作过程中，作为一个机构，要协调好图书馆、工作人员、读者三方面的关系，图书馆在制定一些规章制度时，会于己方便，于读者不方便，只注重管理，而轻视利用，从而给读者带来诸多的不便。图书馆规章制度是图书馆工作实践的概括与总结，它随着图书馆工作的开展，与人们对事物的认识而不断变化。我们要锐意变革，勇于创新，根据不断变化的情况，及时检查规章制度，发现确实不合理的就得坚决地加以改革。因而，图书馆在制定各项规章制度时，要以便利读者为出发点，同时又要以科学管理为基础，二者必须有机结合起来，才能达到最佳效果。

## （二）树立以人为本的观念

图书馆是社会的服务机构，其工作的根本是为用户服务，满足读者的需求。因此，图书馆的服务必须树立以人为本的服务理念，将合适的信息资源提供给合适的人；建立以人为本的服务规范，工作态度、语言、行为都要尊重读者。图书馆的环境也应该人性化，书桌、座椅、阅读的灯光、温度、色彩等都体现人性化；还要配备特殊的设施，比如供残疾人使用的无障碍通道，供盲人使用的阅读机和盲人读物。

图书馆的服务要以人为本，读者使用的计算机检索界面和数据库应该将精妙的技术放在后台，而以简单友好的界面和检索方法提供给读者，还要更好地利用信息技术，进行数字参考咨询、信息推送等服务。透过这些多元化与差异化的服务，我们看到，图书馆是以人为本，以用户需求与感受为第一，并根据用户的反馈不断进行调整的像家一样亲切、舒适、便捷的地方。

以人为本的一个重要观念就是不操纵人控制人，而是培养人和发挥人的作用。

## （三）以读者为主体，馆员为客体

图书馆必须以"读者第一""服务至上"为宗旨，就是以读者为本位、为中心的服务，即以读者为主体，馆员为客体。要以主体的需求为依据，尽量去满足主体的需求。如延长开放时间、缩短新书上架的周期，强化"一站式"服务方式，提倡服务的多样化、个性化等。

服务手段、方式的选择不应以是否先进、高技术化为标准，而应以是否能满足读者需要、使读者满意为标准。

## （四）合理科学布局藏书组织

藏书是一个多级别、多层次的动态结构，藏书组织是指将图书馆收集并加工的文献，按照一定的要求进行合理的布局，组织一个有序化的藏书体系。随着社会的进步，科学的发展，图书馆文献资源不断增加，其内容及形式都较复杂，对藏书进行合理科学的组织与布局能够使各种类型的读者，方便及时地借阅到所需图书资料，便于工作人员的管理，提高服务质量，确保藏书完整，避免丢失和损坏；努力做好藏书补充、藏书剔除、藏书保护、图书排架、图书清点、图书宣传、借阅辅导等工作，使文献信息资源更好地为读者服务。

## （五）建立目录检索体系

目录是指引读者查找文献的向导，随着计算机和网络技术的迅速发展，图书馆编目工作已发生很大变化。建立多功能的目录检索体系，文献编目已从手工编目进入到计算机编目，从个体编目进入集中编目、合作编目和联机编目，从多类型目录载体向机读目录发展。

标准化、规范化的书目信息是实现文献资源共享的基础，尤其各类型文献、各文种的文献、各载体的文献都应采用统一的格式、编目条例、规范与标引工具等，才能使生成的机读目录规范统一，以便不同的读者在不同的区域用最短的时间检索到自己所需文献信息。因此，图书馆的分类编目工作，是在动态、开放的网络环境中对大量的信息进行筛选、过滤、组织整序，这就要求我们重视编目工作的规范化和文献著录、文献标引，机读目录格式的标准化，数据交换格式的标准化，建立多功能的目录检索体系，使用户能在更大范围内进行书目资源的交换与共享，充分发挥馆藏书目信息的作用，为广大读者和用户服务。

## （六）发挥网络优势，提高流通服务效率

我们需要加强为读者工作的主动性，改进服务方式，扩大文献的开架借阅范围，简化借阅手续，同时，为充分满足读者的阅读需要，可以实行集体外借、预约借书、馆际互借、网上文献传递、邮寄借书、馆外流动借书等工作。

随着计算机技术在图书馆的使用，它极大地缩短了图书馆与读者的距离，我们要加大对数字图书馆的研究，加快图书馆网络系统的建设，精心制作图书馆网页，采用手机图书馆系统。为读者利用图书馆的文献资源提供一个平台，使读者无论何时、何地利用网络，可以方便地查询图书馆书目，查询各类图书使用情况及本人所借文献信息，读者也可以实行网上图书预约、续借。借助于无线电通信，将图书馆的新书报道、读者图书的期限等其

他信息告知读者，为读者最大限度利用图书馆提供更多的方便。

### （七）设置合理的开馆时间

延长开馆时间，它会给读者带来很多方便。开馆时间应与大多数读者利用图书馆的最佳时间相吻合。我们要科学地安排开放时间、开放地点，使图书馆的人、财、物得到最大的效用。

## 二、全面满意原则

"读者服务工作是图书馆工作的核心，读者对服务满意的程度如何关系到图书馆的生存和发展。"[①] 全面满意原是图书馆服务的最终目标，图书馆用户的满意程度应该是评价图书馆最重要的标准。图书馆服务的全面满意原则应该包括：图书馆的服务理念、服务行为、可视化阅览、信息资源建设、信息资源的传播等方面应当让用户满意。全面满意原则追求的是接近零投诉、零不满意的服务。

图书馆每项服务都会影响到用户的满意度。图书馆服务可以借鉴其他服务行业的"首问负责制"，当用户提问时，应当给予满意的回答或者引导到相关部门，使得图书馆对每个用户的信息需求有所跟踪，直到用户获得满意信息为止。

读者的满意程度通常与下列因素密切相连：①资源状况（知识信息的质量、丰富程度、易获得性）；②馆员能力与反应；③服务环境（美观、舒适、整洁、方便程度）；④读者自身能力（使用计算机能力、检索能力）。因此图书馆服务要使读者充分满意，就应该从这些方面设法改进工作。

## 三、区别服务与充分服务的原则

### （一）区别服务的原则

区别服务就是有针对性地满足各种读者的不同需求，它的实质在于讲究服务的艺术，注重服务的效果，着眼于服务的质量。这是搞好读者工作的基本政策。工作为是一种社会教育工作，在图书馆服务工作中必须针对读者的不同情况，采取不同的服务方式，有区别地对读者进行服务，才能起到事半功倍的效果。

区别服务主要是由如下三个因素决定的：

---

① 黄海鹰.读者服务满意系统的形成与管理[J].图书馆杂志，1997（02）：4.

### 1. 图书馆藏书与读者结构

区别服务原则是建立在对读者和藏书进行系统分析的基础上，图书馆管理者应该有针对性地采取不同方式来满足不同读者的需要。区别服务的核心是提高读者工作的有效性，使所有的文献资源都能做到物尽其用，发挥其所有的价值，使所有的读者都能各取所需，满意而去。

### 2. 服务机构与服务方式

随着图书馆事业的不断发展，社会上出现了各种类型图书馆，而这些图书馆具体任务、服务对象各有不同，因而对书刊资料的搜集、整理、保管和流通的内容、形式及方法各有差异。目前，在我国，根据图书馆的领导系统，综合图书馆性质，读者的对象和藏书内容等标准来划分，我国图书馆的类型有：国家图书馆、公共图书馆、学校图书馆、科学图书馆、专业图书馆、技术图书馆、工会图书馆、军事图书馆、少儿图书馆等。

在上述图书馆中，通常认为公共图书馆、科学图书馆、高等学校图书馆是我国整个图书馆事业的三大支柱。由于不同类型的图书馆机构的不同，导致了它们具有形式各异的服务方式，我们可以根据读者需要和各种类型图书馆的藏书特点，分科设置多种借阅流通部门，咨询参考部门以及宣传辅导部门等，各部门按职责分工分别开展多种方式的服务活动。对于重点服务对象，在借书范围、册数、期限以及服务方式上给予更多的关照，保证重点、兼顾一般，从而使馆藏文献及人力、设备等用在最需要的地方。

### 3. 图书馆的社会职能

各项社会职能本身的层次结构及功能效果，反映在人才成长、知识储备、工作进展及研究成果中。不同的目的，表现出不同的服务内容与服务方法。

（1）图书馆的文献信息资源整序职能，它是使类型复杂、形式多样、交叉重复的信息资源成为有序的文献信息集合体，才能有区分地为各类读者提供使用，从而满足不同层次的各类读者阅读需求。

（2）图书馆的社会教育职能是综合性的，可进一步分为一般教育、专业教育、思想教育、技术教育、综合教育以及文献检索方法教育等。只有区分服务，才能获得应有的教育效果，促进人才成长和智力开发。

（3）图书馆的传递信息职能，其内容范围涉及科学研究的各个领域、各种课题类型。针对具体需要，开展对口服务、定题服务、回溯服务，广、快、精、准地提供文献资料，其本身就是区分服务的表现。

（4）图书馆的文化娱乐职能，要满足各类读者不同兴趣、爱好的千差万别的需要，也必须贯彻区分服务的原则。

（5）图书馆的保存文化遗产职能，就是要满足各类读者对不同年代、不同文别、不同类型文献的需要，才能有区分地为各类读者提供文献信息资源。

总之，有区分，才有政策，才能发展。正确的政策须以科学的区分为依据，只有贯彻区分服务的原则，才能提高工作效率，提高服务质量，才能真正满足读者的一切需求。

区别服务进一步可以进化为个性化服务。个性是个体具有一定倾向性的心理特征的总和。个性化服务，是指知识服务机构或人员依读者的需求倾向专门为其提供订制服务，它是为人民服务、充分服务的细化与实现。个性化服务就是要了解读者的真正需要，然后准确地进行订制提供，满足不同读者个别特殊要求，让读者获得"满意加惊喜"的感受。

借助高新技术的支持，读者可根据自身的需求订制自己所需的知识信息，互联网知识库也可针对读者的个性特点，主动为其选择最需要的资源与服务，并根据读者的需求变化，动态地提供知识信息。

## （二）充分服务的原则

充分服务的原则，也是读者至上的原则，就是全面开发利用图书馆的资源，最大限度地满足读者的一切需要，充分发挥图书馆为社会主义的物质文明和精神文明服务的职能工作，这是读者工作应当追求的共同目标。充分服务的原则，直接体现了"一切为了读者""读者就是上帝"等指导方针与战略思想，反映了图书馆与社会整个国民经济及科学教育文化事业相互依存、同步发展的客观趋势。

图书馆作为智力资源的传递中心系统，要挖掘一切潜力，调动一切因素，强化开放性能。将一切可以利用的资源充分为社会利用，将一切具有阅读能力的社会成员变为图书馆的现实读者，将图书馆办成社会上人人利用的事业，使知识情报的传递交流畅通无阻。图书馆要在服务中求生存，在服务中求发展。为此，读者工作必须把全面开发利用图书馆资源，充分有效地为读者服务当作出发点和归宿，并贯穿在过程的始终。总之，充分服务的原则，适应于社会主义物质文明和精神文明的客观需要，适应于图书馆自身发展的规律。

图书馆在贯彻执行这一原则时，需要注意以下几个问题：

### 1. 尽可能满足读者的阅读需要

读者的阅读需要是多方面的，如何使有限的资源发挥出最大的作用，需要采取各种必要措施，制定出更为规范、合理的工作流程和规章制度，如延长开馆时间，加大一线藏书的比重，加快文献借阅的频率，开展预约借书等服务，来充分满足读者的阅读需要。同时，我们要充分发挥现代技术的优势，对一些利用率大、借阅频率高的图书以电子图书形式提供给读者使用；根据读者对文献资源的需求，对本馆文献信息资源（包括电子资源）进行筛选、提炼，编成专题书目，专题文献数据库，或进行专题检索、定题检索、知识检索等，使服务深度和服务质量都得到提高。

### 2. 提升馆员的事业心与工作责任感

图书馆馆员要做好充分服务，必须具有强烈的事业心和高度的工作责任感，在服务工作实践中培养热爱读者、热爱服务工作的感情，提高服务工作的本领，深入读者，调查研究，刻苦钻研科学文化和图书馆业务知识，以科学知识和文献知识为基础，熟悉馆藏，熟悉目录，熟悉读者，熟悉现代技术在图书馆的运用，掌握服务技能和工作规律，以便有的放矢地做好读者工作。

### 3. 开展多样化服务

多样化服务是指知识服务机构或人员给读者提供多样化的服务项目，供读者选择，以使其在获取知识时更觉便利及有效。多样化服务原则是对为人民服务、充分服务原则的具体落实与体现。因而，图书馆这样的知识机构也应该尝试向获取知识的人们提供多样化服务。如网上借书预约、馆外还书、网上文献传输、电话续借、联机公共检索目录服务、自动投币复印、智能卡服务、图书馆主页服务、电子邮件咨询、虚拟展览、远程教育服务以及医院图书馆的"图书疗法"等，这些多样化的服务已经或正在许多图书馆实践着。图书馆的整体效益是由具体、多样的服务项目体现出来的。

### 4. 开展多样的专题服务

（1）提供专题信息咨询服务。定期把各种信息分门别类地编成题录、文摘等提供给相应的用户；还可以结合学校的重点学科建立多种专业、技术信息文档或其他电子型载体，向教师等用户及时传播学科的发展动态信息；对于高端用户，应根据他们的需求，编制各种专题目录，提供最新期刊信息通报、索引、文摘等二次文献，以及提供专题论述、图书评述等三次文献。

（2）开展定题跟踪服务。图书馆应针对科研人员承担的一些重点科研项目进行深层次服务，学科馆员可主动与专业技术人员进行沟通和联系，深入了解他们的信息需求，根据他们的研究领域主动提供各种信息，并从他们那里搜集有用的学科信息。学科馆员还可以选定有关重要课题作为服务项目，深入其中，为其提供持续、系统的定题服务，从课题立项到成果鉴定，如课题申请时的资料收集、课题可行性研究、科研项目的背景分析等，自始至终跟踪服务。

（3）为学科带头人提供重点服务。为教学科研服务是图书馆的重要职能之一。名望高、造诣深、影响力大的专家、教授、学科带头人，在科技研究工作的作用举足轻重，图书馆应将其作为重点用户提供特别服务，如加强专家库建设，了解他们的工作习惯及进程，为他们提供灵活的借阅方式，还可定时上门服务、电话咨询等多种形式，以满足他们的需求。

充分服务原则，不仅针对那些正在接受现实服务的读者，而且还应该包括暂时不能接受服务的潜在读者，即充分服务原则的实现程度不能以现实读者的满意程度去衡量，还应该以其向读者群扩展的程度来衡量。如：有的图书馆向无家可归的流浪汉发放借阅证；向无法阅读的读者通过电话提供录音新闻；有的将书籍带到行动不便的老人、孕妇家中。这样体现出来的充分服务，不仅将知识带给了更多需要它的人，同时还将平等、关爱等现代社会的理念植入人心。

## 四、资源共享与最小努力原则

### （一）资源共享的原则

当今世界各种信息大量涌现，人们常用"信息爆炸"来形容信息量的迅速增长。而图书馆的经费有一定的限度，要满足社会和用户日益增长和不断扩大的信息需求，就必须树立资源共享的观念，走资源共享的道路。

资源共享是当今图书馆事业发展的一个重要课题，也是读者服务工作的基本原则。为更好开发信息资源，为我国的经济建设服务，图书馆应更新观念，改变传统工作模式，利用网络和各种现代技术，走协作之路，努力实现全方位的资源共享，让"藏书楼"向数字化图书馆迈进。

### （二）最小努力的原则

最小努力的原则，是指图书馆的用户在利用信息资源时，希望用最小的努力得到所需要信息。图书馆室内布置应当尽可能符合最小努力原则，读者可以"一站式"获得图书馆各种服务。同样，在找寻信息资料的过程中，读者会自然选择最省力的方法来获取所需要的信息资源。

图书馆提供的馆藏目录、书架的排序以及数据库的查找都要符合这一原则。图书馆内部服务也要符合最小努力原则。图书馆在进行服务改革和创新的时候，必须遵循最小努力原则，以人为本，服务的方式要符合用户的习惯和心理需求，跨库检索平台为用户检索多个数据库提供了一个联合的平台，用户只须查询一次，就能在多个数据库中得到需要的信息，这种方法就符合最小努力原则。相反，使用不同的数据库平台，特别是中文的不同数据库，要使用不同的阅读软件，采取不同的检索方法，给用户增加了额外要掌握的信息知识，可能会使他们放弃信息查询。"一站式"服务也是适合最小原则的方法，将不同载体的同一主题信息集中提供给用户。

## 五、科学服务与创新服务的原则

### （一）科学服务的原则

科学服务的原则，是遵循图书馆工作自身的规律，按照科学的思想、科学的态度、科学的方法、科学的管理措施组织读者服务活动。这是所有图书馆读者工作的基本要求。

#### 1. 科学的思想

科学的思想是指在读者工作及其研究中，要有整体的、全局的观念，要善于运用全面的、联系的、发展的观点认识问题。读者工作同图书馆的其他工作存在着千丝万缕的联系，经常引起许多矛盾和问题。如：图书馆文献资源与读者的供与求的矛盾；借与还的矛盾；图书馆内部各部门间的藏与用的矛盾；读者与读者之间的重点需要与一般需要的矛盾；图书馆与图书馆之间的分工与协作的矛盾等。这些矛盾错综复杂，受客观发展和主观条件的制约。读者工作的各项活动，必须纵观全局，从整体出发，以开发利用图书馆资源，充分有效地满足读者的各种需要为依据，加强各方面的联系，搞好平衡协调工作，不断解决矛盾。

#### 2. 科学的态度

科学的态度，就是实事求是，一切从实际出发，讲究实效，不图虚名的态度。在读者服务工作中，应做到满腔热情地接待读者，尽量满足其一切合理要求，切实帮助他们解决各种实际问题。为此，就要认真调查分析各种需求性质，将重点需要与一般需要，当前需要与长远需要结合起来，将数量要求与质量要求，流通指标与实际效果统一起来。不搞浮夸，不追求表面形式，不片面迎合读者，不凭主观兴趣办事，将读者需要与图书馆职能任务以及主观条件联系起来，进行研究决策，这才是读者工作应该采取的严格、科学的态度。

#### 3. 科学的方法

科学的方法是指在读者工作及其研究中所形成的一整套实践与理论的方法，包括基本方法、一般方法和特殊方法三种层次系统，如对立统一方法、分析与综合方法、登记与统计方法、实验方法、书目检索方法，以及系统法、控制法等。

科学的方法之所以科学，就是因为它先进、实用和有效。图书馆工作要不断更新工作方法，采用科学先进的方法，对于提高工效和服务质量，会起到事半功倍的作用。

### 4. 科学的管理措施

科学的管理措施是指读者工作的规章制度，先进的技术设备和服务手段。读者工作有一系列对内对外的规章制度，包括外借规则，阅览规则，文献复制规则，书刊调配原则，藏书调阅原则，入库制度，读者登记、统计制度，开架与闭架制度，岗位责任制度，咨询档案制度等。科学的、合理的规章制度代表着图书馆和读者的根本利益，是顺利开展服务工作的保证。在规章制度面前，无论馆员与读者，一律平等，必须维护它的权威，做到有章必依，执章必严，违章必究。

## （二）创新服务的原则

### 1. 创新，就要树立创新意识

在图书馆信息服务中要转变观念，使图书馆服务从封闭走向开放，从被动走向主动，从单一化走向多元化，从"重藏轻用"走向"重开发、使用"，从限制用户改为面向用户、方便用户。服务观念的转变和更新，是实现创新的前提。

在当今知识经济社会，知识成为最重要的资源、最重要的资本。知识就是财富，而图书馆是聚集知识信息的大宝库。要使各种知识信息转化为现实的生产力，就要转变服务观念，树立创新意识，使图书馆的信息服务在思想上、观点上适应经济社会发展的步伐和需要。

### 2. 创新，就要敢于标新立异，独辟蹊径

特别是电子出版物和因特网的广泛应用，为图书馆的服务创新提供了广阔的道路。利用新的技术平台，不断开拓创新的服务领域，把图书馆服务的触角伸向社会各个领域，如电子论坛、远程教育、社区文化活动等，在更广阔的领域开展知识、信息服务。

科学发展观强调"人"的主导地位，因此要形成"以人为本，各要素协调发展"的创新管理机制，以读者服务为中心，以管理（特别是馆员的管理）为突破口，以信息资源建设和新技术、新设备的应用为基础，发挥馆员的主观能动性，内凝外联，改革创新，整体推进，实现馆员与读者的互动，最大限度地满足读者需求。

# 第二章
# 图书馆读者阅读心理与需求

## 第一节　读者心理活动及阅读特征

### 一、读者心理活动

心理是指人的感觉、思维、情绪和意志等主观精神现象，图书馆读者心理是特指读者在图书馆里，通过对图书馆文献资源的获得和使用而表现出来的心理现象、心理特征、心理发展规律。

读者的阅读心理是指读者在阅读活动过程中表现出来的心理现象，它包括阅读的认识活动和意向活动。阅读的认识活动是读者对文献载体上的文字、信息或符号感知的过程，包括感觉、知觉、表象、思维等一系列生理和心理活动过程。读者经过这些过程吸收并理解文献中所包含的知识和信息。阅读的意向活动带有较多的个人心理色彩，这是受读者的先天特性和社会条件的影响而形成的读者个人的阅读需要、阅读动机、阅读兴趣、阅读能力等。阅读的意向活动是推动读者阅读的一种内部动力，它直接影响读者的阅读倾向和阅读效果。

读者心理活动，专指在接触文献资料过程中所产生的阅读心理活动，读者的心理活动主要有如下过程：认知过程、情感过程和意志过程。

#### （一）认知过程

阅读心理是从接触、认知、选择文本开始的。文本选定后，读者通过阅读输入、检测、存贮、加工、输出信息，在这一过程中，读者需要积极调动感觉、注意、学习、记忆和思维等一系列心理活动，才能完成任务。

## 1. 读者感觉过程

感觉是人脑对客观事物的个别属性所做出的直接反映。它是认识世界的感性阶段，是我们追求知识的最初源泉。

读者感觉，首先，要有文本信息的刺激；其次，读者接受刺激并做出反应。因此，不同的读者对同样的文本信息有不同的感觉。这是读者的主观因素和外部客观条件共同作用的结果。阅读活动始于读者的感觉，之后才有了解、接触、选择、学习、认识和创造等活动。阅读心理受个人、社会等因素的影响会发生相应的变化。

## 2. 读者知觉过程

知觉是人脑对于直接作用于感觉器官的客观事物做出的个体属性的整体反应。知觉是主体在现实场域中的即时刺激、触发与主体固有的知识图景相互作用的结果，是确定主体接受某一刺激的意义过程。因此，读者对文献信息的知觉是受主体条件和客体因素的影响和制约的，读者的知识图景直接影响其知觉。读者的知觉就是对文本信息进行综合处理、加工解释、建构意义。读者的知觉有如下特点：

（1）知觉具有选择性。人的需要、兴趣和爱好也决定人在接触信息时是需要选择的。读者只选择对自己有价值意义的文献资料作为知觉的客体，这主要是限于人的认知能力和时间的因素所致。

（2）知觉具有理解性。具有一定文化素养的读者，尤其在主动阅读的驱使下，通常运用已有知识积累和图景去认知文献资料，以求对文献内容的真正理解和接受。所以说要实现对文献的知觉，必须借助阅读主体已有的知识图景，确认文献资料的范围及作用，进而理解其内容和意义。

（3）知觉具有整体性。读者通常是将文献信息作为整体系统、完整地来知觉的。这对形成读者整体性知觉起到重要作用，尤其是各种属性之间的相互联系，在一定程度上决定知觉整体性的效果。文献的非本质特征是其内容的本质特征之外的特征，如文献作者、书名、载体形式等，读者容易对这些非本质特征产生第一印象和亲近与否的反应，并做出文献定性的预判，决定其是否做出知觉行为。

（4）知觉具有恒常性。即外部条件发生变化时，知觉仍然呈现连续性、稳定性的特点。即使外部条件有所变化，读者凭借知觉恒常性仍然能把握文本信息的本质特征。

## 3. 读者注意过程

注意是指心理活动对一定对象的指向与集中，是一种选择性行为。它在各种心理活动参与互动下，还有眼动和凝神的外化生理行为活动的支持。读者接触文献信息，在感觉和知觉等心理活动的作用和互动下，全神注视文献信息的内在特质、选择、吸收文献信息，会排除干扰、实现认知和使用的目标。注意在阅读心理中有决定性作用，它可以使读者的感觉向知觉转化，进而使知觉分析向信息梳理、整合、抽象和贮存转化，并在此基础上进行深层次的思维活动。读者注意的信息选择表现出读者心理活动的偏性，可以引起读者的注意的情况包括：一是能够满足读者某种需要的文献；二是与读者某种特殊感情有关的文献；三是符合读者阅读兴趣的文献；四是与读者的知识经验有联系的文献；五是读者处于良好的精神状态。

### 4. 读者思维过程

思维过程是指心理学意义上的逻辑思维。读者思维是读者在文献信息的认知过程，是借助相关信息、知识的概念，对文献信息进行分析、概括和判断，通过一系列的思维活动，从而发现和掌握文献的共同特征、本质属性，以及文献所揭示的事物之间的内在联系和规律性。

读者思维活动的特点是通过自身已有的知识图景或以其他事物为媒介，概括抽象地反映文献的内容实质，以及间接地理解和把握那些没有感知过的事物，读者思维的作用和意义在于通过上述思维方式等活动，认识文献信息所反映的客观事物，获得精神上的体验和思想上的收获，并运用于自己的工作、学习和生活中，能够释惑解疑，调适自己的心理与行为。

## （二）情感过程

情感是人的心理体验，是客观事物在主体心理的主观感受和情绪。阅读情感是读者在阅读文献信息时所产生的主观感受和情绪。阅读情感是读者心理活动中的一种特殊反映形式，贯穿于阅读心理活动的全过程，对阅读活动有积极的意义，主要能激发读者的阅读热情。读者心理的情感过程是通过认知活动的"折射"而产生的。

影响读者心理情感的因素：①读者本身生理因素和心理素质，保持热情健康的阅读可以产生积极的阅读效果，忧愁、消极和悲观的阅读情感，其阅读效果成效甚微，或者毫无效果；②文献外部特征和内容特征的影响，读者在阅读文献的过程中，通常会引起情感的变化，当其被某一文献信息吸引，是自己所需时就会产生阅读冲动，表现出积极而又热烈的阅读情感；③社会环境的影响，社会条件、社会历史环境和读者的生活工作环境，会影响读者对文献的需求状态，进而影响和制约读者阅读情感的发生。

### （三）意志过程

意志是主动地确定目标，支配自我行为，克服困难并实现预定目标的心理过程。而读者的心理意志过程则是指读者在阅读活动中表现出来的明确的阅读目的、自觉积极的阅读行为和切实有效地实现阅读目的心理活动过程。

阅读是阅读主体能动性的外化，主体在阅读行为中，主观能动性表现在生成阅读动机、确定目的、选择文本和方法、理解的程度、物化的结果等方面。读者心理的意志过程与其认知过程、情感过程有内在的联系，三者相互渗透和互动、共同作用于读者的阅读活动之中。这种内在的联系具体表现在：①读者的意志活动是建立在对文献信息的感知、注意、记忆、想象、思维等心理过程的基础之上；②读者的阅读情感影响着读者的意志过程，喜悦、愉快、积极的阅读情感对读者阅读意志有强化、巩固的作用，忧愁、悲观和消极的阅读情感会淡化消解甚至瓦解阅读意志；③意志过程对读者的心理状态和外在活动能产生调节作用。

## 二、读者阅读特征

第一，选择性。网络和手机等阅读终端的不断普及，影响了读者的阅读习惯。面对暴涨的信息，读者开始选择性阅读。

第二，功利性。读者功利性阅读包括：①具有明确的目的性，其阅读目的就是为了获取物质上、精神上的切实利益；②具有短暂的时效性，表现为把眼前利益放在首位，追求"短、平、快"的现实利益，忽视阅读中文化底蕴的熏陶和精神上的愉悦；③具有一定的模糊性。

第三，娱乐性。读者娱乐性阅读成为习惯，娱乐性阅读不同于休闲性阅读。休闲阅读是闲暇时间的利用方式，强调对个体成长和社会发展的共同促进；同时在阅读中引入休闲，能够矫正阅读中的功利化弊端，提升阅读的审美性，从而培养社会成员的阅读兴趣和读书习惯。

第四，知识性。读者知识性阅读使读者进入了更深层的阅读。

第五，碎片化。读者阅读的碎片化趋势，不同于传统的系统阅读，传统的纸质阅读可能需要大块的整体时间来阅读，碎片化阅读有随时性、简便性的特点，但与此同时也呈现知识碎片，不系统的特点，互联网一方面是时间的碎片化，另一方面是空间的碎片化。互联网时代只需要一部手机、一部平板电脑、一台电脑或者一台电子阅读器，就可以开始阅读。

第六，个性化。电子阅读的来临，使阅读更加个性化，读者可以根据不同时期的不同需求，选择感兴趣的读物。

# 第二节　影响读者阅读行为的因素

## 一、社会经济因素

阅读行为源于社会，最终还要服务社会，阅读本身也是社会文明的标志。阅读行为良好的整体经济环境，可以促进读者阅读方式、购书投入，以及对新阅读产品的接受和使用等方面发生改变。人们要适应当下的新经济发展，跟上其发展，必须靠阅读提供知识和智力支撑，才能适应社会发展，这也会大力推动追求进步与发展，追赶经济发展潮流和时代步伐的青年人也加入阅读中。

为了生存和发展，出版商必须考虑经济效益，因此必须根据市场需求和预期目标确定出版种类和印数。市场不断变动，而出版商每年都会评估出版物收益率，所以图书沦为短期市场化产物。而且，现在电子媒介和互联网成为人们获取信息的主要渠道，图书要维持自身的社会地位，就必须在竞争中突出自己的优势。这势必会影响读者对媒介的接触、选择行为。

就读者个人经济条件对阅读行为的影响来说，主要是会选择收费低廉或免费的媒介和文本进行阅读，如果网上能查阅到相关书刊文献，他们会选择在网上或手机上阅读，而不会去购买书刊。这是否也是近年来网络阅读人群陡增，而购买图书、到馆阅读文本文献的读者人数减少的一个客观因素，尚有待进一步的调查。

## 二、环境因素

### （一）文化环境

文化环境对阅读行为的影响，是指整体意义上人们的精神生活施加于阅读活动的影响，是指以社会意识、思想道德、价值观念及生活方式等文化规范为手段，对阅读活动施加影响和控制。文化影响人类的行为，也影响人们的阅读兴趣和阅读倾向。当然，阅读活动本身就是一种文化活动。

从文化的具体形态来分，文化有教育文化、科技文化、休闲文化等，这些文化都是影响阅读的重要因素。此外，国民阅读行为还受社会文化转型的影响。

## （二）物理环境

物理环境是制约阅读的客观因素，读者阅读的物理环境是以能够满足文献信息在阅读运作中的需要为前提的。

### 1. 物理环境对阅读行为的影响

阅读的物理环境是指读者阅读的外界客观环境，具体表现为人工和自然环境，阅读的物理环境主要作用于阅读主体的身心情绪，从而影响阅读的效果和质量。

（1）图书馆阅览室对读者阅读的影响。读者到馆目的：①借还书；②在馆内阅览，所以图书馆都设有阅览室，阅览室具有安静幽雅的学习环境和良好的设施，为读者学习、研究馆藏文献提供了方便的条件。

图书馆阅览室是图书馆为读者服务的基本设施。目前国内图书馆根据读者的需求、馆藏文献类型等因素的不同，将阅览室分为普通阅览室、专门阅览室、参考研究室等三种类型。

第一，普通阅览室。普通阅览室是综合性阅览室，供到馆的各类读者使用。普通阅览室配备综合性的常用文献。一般选择知识性、科学性强，以及富有宣传教育作用的优秀文献。

第二，专门阅览室。专门阅览室是按特定读者的专业需求或馆藏文献的特定内容特征、形式特征和文种特征而设立的阅览室。

第三，参考阅览室。参考阅览室是一种集阅览室、研讨室或工作室于一身的多功能阅览室。由于参考阅览室读者需求的专指性极强，因此，图书馆在为参考阅览室读者服务的做法上也具有特殊性。

为读者构建一个安静舒适的环境和条件是这种特别做法的重要特征。"参考阅览室"在提供馆藏文献的做法上也与"普通阅览室"不同。根据读者需求，在借阅的品种数量上也可以不予限制。必要时，还可以为读者保留使用一段时间。因此，参考阅览室的设立受到专家学者和科技人员的普遍欢迎。

读者在阅览室内可以利用许多不外借的馆藏文献，如各种类型的工具书、特种文献、现期报刊、古籍善本等。这对渴求知识的读者来说，具有极强的吸引力。读者在阅览室里可以采取多种方式利用文献。而在阅览室里，特别是在开架阅览方式下查阅，就显得更加方便快捷。

读者阅览室，特别是开架阅览室，可以方便读者自主地查阅各种内容的馆藏文献，因而在方便读者查阅所需要的专指性强的文献的同时，还为读者广泛涉猎其他相关学科的文献、开阔视野、充实和丰富自己的文化科学知识提供了良好的条件。

图书馆应为读者营造人性化的阅览环境，根据读者需要设计环境、布局网点、安排桌椅、确定开放时间和开放程度。比如，把桌椅置于书架之间，方便读者翻阅。图书馆内部空间应清新高雅、宁静舒适；空间色彩具有文化品位，做到赏心悦目。

（2）书店、书吧对阅读的影响。现代书店、书吧以吸引读者购买、读书，现在的书店采用超市化经营，人性化管理的经营模式。书店环境舒适，图书种类丰富、新书数量多，更新周期短。这些深深吸引着广大图书爱好者。还有的书店做法更具人性化，采用会员制，会员每年只须交纳少许会费，就可以租书回家看（以前这是图书馆才能提供的服务），如果买书还可以享受较大的折扣优惠。书吧的经营也有自己的特色，最人性化的是专门设有休息区，人们看书累了可以在休息区喝杯茶放松一下。这对读者来说简直有了家的感觉。现在的书店也正是凭着这些"以人为本、顾客至上"的经营方式，吸引了越来越多的顾客。

（3）场所多变、利用终端工具的移动阅读。移动互联时代，人们尤其以大学生为代表的青年人，利用手机等新媒体工具实现随时随地阅读，阅读场所日趋多元化。户外行走、旅途阅读等移动阅读现象越来越常见。移动互联网读者主要阅读实用性、休闲性的内容。较少阅读学习性和专业性的内容，这与移动的环境、碎片化的时间有关。

（4）家庭户内环境对阅读的影响。随着图书报刊等文献读物大量出现，除了在校学生外，人们主要是在家中阅读，人们利用休闲时间，或早读，或晚读，或利用假期阅读，不受外来因素的干扰。

在家庭阅读中，家庭成员可以互相交流，如果是家长，可以借此引导孩子阅读。家庭阅读，没有条件的，可以坐在凳子上，在小饭桌上或写字台上阅读，条件好的，也可以在专门的书房里，或躺在沙发上、椅子上阅读。而更多的人是利用睡前在床上阅读。

第一，书房及其对阅读的影响。现在大部分家庭配备有书房，是幽居独处之时从阅读中获得怡情、审美自由的理想空间，劳顿一日后或闲暇时间在书房打开自己钟爱的书刊阅读，自有一种舒心怡情的情调。书房也是人们知识充电、再学习的场所。书房阅读越来越被人们所重视。书房阅读相对于床上阅读显得庄重认真，因而阅读学习效率和效果明显，许多读者还会利用书房写作。书房阅读适合发展个人阅读兴趣和爱好，中国读者对此情有独钟，以至衍生出独特的书斋文化。

现代建筑理念设置书房会考虑的因素包括以下几点。①注意采光和照明的问题。窗明几净是对书房最基本的要求，光线的明暗适度是书房首先要考虑的问题。一般照度应确定在250勒克斯以上为宜。②书架和书桌的选择问题。书房是自己的小书库，书架的安排和书籍的摆放应能适合个人的专业学习，书桌的选择应考虑高度和色调的恰当。③考虑书房音响和温度的问题。书房音响问题就是要考虑书房的安静程度，因为安静的阅读环境能获得理想的阅读效果。④要考虑书房的布置和装饰问题。恰到好处的布置和装饰可以使人放松愉悦悠闲地阅读和学习。

第二，床上阅读及其乐趣与私密性。床上阅读是静态的、自我专注的行为，不受束缚，没有了做这做那的杂事干扰，心理上在一个安全和私密的环境中，放下了所有的压力，以舒适的状态和放松的心情进入专注的阅读活动。

## 2. 物理环境决定阅读的内容、题材

环境对读者决定读什么书方面还是有重要意义的。随着人类社会发展，人们对阅读环境的要求也越来越高。在私人空间、公共场所、移动环境中，读者阅读的内容、题材、形式和载体都有所不同。比如，私人空间，适合阅读个人感兴趣、读起来能令人忘记时空的文本；公共场所，适合阅读内容严肃、形式端正的文本；移动环境，适合阅读实用性的、碎片化的文本。

## 3. 物理环境影响阅读情趣

不管是家庭阅读还是图书馆阅读，阅读的物理环境会影响阅读效果。当然重要的，私密性的，能揭示读者性格、情绪、喜好的文献资料，读者还是会选择在家中阅读，而与工作直接相关的文献资料，通常会选择在办公室或图书馆阅读。

就图书馆而言，随着现代设计理念和水平的不断提高，公共图书馆、高校图书馆的空间布局更富有创意，物理空间的亲近感和舒适性大大提高，加上整体性与炫动性的有机结合，能使读者有更满意的空间体验。读者在布局合理的图书馆的环境中静心学习，能提高学习效率。幽雅舒适的图书馆环境，能激发读者阅读的情趣和热情。大数据和移动互联网，改变了人们的阅读习惯，人们越来越依赖计算机终端和移动终端阅读。为了吸引读者，图书馆应为读者提供人性化的优美环境，无论是功能、流线、布局、设施还是馆外环境，都要使人感到轻松、温馨，人与环境和谐统一。就图书馆建筑外观来说，要美观大方，给人带来心灵和视觉上的享受；就室内环境方面，要干净整洁，体现人文精神，比如挂壁画、名言警句，放置思想家的雕塑；就软硬件设施而言，要有方便快捷的借阅服务系统，简化手续。此外，还可以引进绿色和生态理念，摆放绿色植物，养一些鱼，有条件的图书馆还可以设置若干小阅览室，给读者提供宛如书房般的阅读感觉。

# 三、图书馆因素

图书馆的宗旨是读者至上，一切为了读者，图书馆的读者服务也是从服务读者、提高读者阅读效率的角度来采取管理措施。"读者的阅读状况在一定程度上反映着图书馆文献资源的利用情况，关系到图书馆读者服务工作开展的成效，了解并掌握读者阅读心理，有利于了解读者需求，促进读者阅读行为的实现。"[①]

## （一）文献服务因素

### 1.传统文献服务对读者阅读行为的影响

文献传递服务是图书馆最古老的服务方式。它主要提供如下服务：

（1）开展室内阅读服务。自旧式藏书楼开放以来，室内阅读作为最古老的服务方式保存至今。这种最古老的服务，是读者最普遍的阅读行为，他们通过目录查找，确定文献，通常是精读，还会伴随文摘抄誊行为。

（2）图书流通。早期图书流通主要利用各馆设立的巡回书库，按一定路线定期巡回借阅。早期图书馆采用文库式，取书手续麻烦，后来发展到开架借阅。开架借阅大大节省了读者时间，读者可以在编目的书架上自由挑选喜爱的图书来阅读。

（3）借阅合一。为了加快图书的周转，提高图书的利用率，图书馆开始探索以阅为主、借阅结合的读者服务方式，这样使读者可以灵活安排自己的读书时间和地点，有空就在馆内阅读，没空就借回家里或单位阅读，满足了读者的阅读要求。样本书阅览室、专业图书阅览室相继问世，使得图书馆以藏为主的服务模式逐渐转变为以用为主的服务模式，图书馆逐步走上了全开架式的服务之路，实现外借和阅览合二为一。这既方便了广大读者，也实现了图书服务读者的目的。

（4)资源共享。资源共享也就是馆际互借，打破了地域对图书馆借阅的限制。这种方式，使读者不再因本地本校图书馆没有某种文献，而担心影响自己的学习、研究。馆际互借也是深受读者欢迎的服务方式。

### 2.现在文献服务工作对读者阅读行为的影响

自动化技术、远程传播技术和数字化技术的发展，尤其是网络技术的发展，使图书馆的服务内容、方式和手段出现了崭新变化。

（1）阅读载体从以纸质文献为主发展到各种载体并存。视听资料阅览室、多媒体光盘阅览室、电子文献阅览室相继出现，使阅读范围突破了馆藏的限制，大量的网络资料成

① 袁睿，桂凛.基于读者阅读心理的高校图书馆工作 [J].大学图书情报学刊，2010，28（04）：70.

为重要的阅读对象。

（2）读者需求不再受时空、地域的限制，有网络的地方就有大量读者群的存在。

（3）馆际互借突破了传统的纯手工、半手工方式。由于阅读载体的变化，读者的阅读文献类型不再受限制，读者尤其年轻读者选择以网络文献资源为重要阅读对象，由于面广量大，自然会造成快速阅读、浅阅读现象的存在，以及碎片化阅读的存在。随着移动互联技术的广泛运用，只要具有网络条件，读者随时随地可以根据兴趣和需要检索、阅读所需网络信息。文献传输也有新的方式，提高了阅读、传输、记忆、保存的效率。

## （二）文献体裁因素

文献体裁是指文献的属性，文献体裁会影响读者的阅读心理和行为，汉文字作品可划分为文章和文学两大类。文章源于实用，属于人类追求的实用层次，是科学认识的成果，包括普通文章和专业文章，专业文章是普通文章的深化；文学源于审美，属于人类追求的愉悦层次，是艺术认识的成果，包括诗歌、散文、小说、剧本等。

### 1. 文献体裁影响读者的阅读目标

阅读目标是阅读动机和阅读契机的统一，是读者的期待。不同的文献体裁，从内容到形式是约定俗成的，读者阅读它不得不采用适合文献体裁特征的阅读期待、阅读定势和阅读心境来实现阅读目标。

（1）文章对读者阅读目标的影响。文章的特性在于真实地反映客观事物。

第一，必须"重实贵用"。阅读中"感言辩体"是手段，"得意致用"是目标，这与文学作品的阅读目标显然是不同的。文章所讲究的是真实的客观存在，属于科学认识，它要告知读者的主要是自然、社会和思维三大领域的科学信息。读者阅读此类体裁的目标以求真实为原则，从而做出相应的实践反应。对于抱着实用目标阅读的读者来说，往往是问题驱动。读者带着需要解决的问题去阅读，去发现、开发文献字面背后包含的信息和意义。文章的价值在于开智立德、求真向善，其功利是鲜明和直接的，付诸实践、贯彻运用才是目标。

第二，"用"的异趣。虽是文章，但细类不同，其"用"有别。比如，论文专著类文章，由于其专业性的特点，读者主要是从事这一专业的人士，阅读目标明确——解决问题，了解最新资料，获取最新知识和科技成果，改变方式方法、激发灵感、引证资料，解决工作或研究中的问题。阅读此类文章的作用或目标实现的效果，因人而异。

（2）文学对读者阅读目标的影响。文学特性在于艺术地反映社会，重在怡情。

第一，必须以"悟意审美"为目标。文学作品的追求是不同于文章那样的"真实"，而是想象的真实、艺术的真实，所以读者阅读常以解释和建构文本世界为主，重在感受形象和领略情感，重在探究文本意义的生成与构成。文学的价值主要在于怡情悦性，陶冶情操，重在审美，其功利是隐蔽的、间接的。

第二，"美"的异质。文学尤其小说类文献载体是艺术地反映社会生活，这种内容上的限定实际上也是审美目标的限定。读者通过与作者共鸣产生审美观照，感受社会生活，充实精神，提升品位。

### 2. 文献体裁影响读者的阅读思路

阅读思路是指阅读过程中认识理解和把握文献信息的思考方向和路线，读者阅读的思路会受不同文献体裁的影响。

（1）文章的阅读思路是理性。文章这种文献体裁，多为直接的科学和真实事实的客观反映，其结构是事物的固有结构，层次上逻辑严密，读者阅读它是否能产生实用的效果，需要读者鉴别和实践。因此，文章读者阅读过程是一个理性接受的过程，读者受理性的制约，思维有规有序，只要弄清语言结构，便可理解思路内容，进而通过实践明白其效用。

我们以阅读论文为例，论文的类别尽管多种多样，有文理工科区别，有学术论文和学位论文的区别，还有专著和研究报告的区别。所以论文这种文章体裁的结构大多是摆现象提出问题，分析成因，给出解决的办法和对策，或提出有利于解决问题的思路，具体过程中会运用相关理论和研究方法，对问题、成因、路径和应对之策进行研究。最终，读者形成对文章的总体判断，以及自己的所思所获和启示。

（2）文学的阅读思路离不开情感的参与。文学作品是作者对生活的艺术再现，文学作品的结构是情节的安排和意象的组合，作家按照生活的必然进行想象和安排，是艺术的真实，形象化的反映，具有形象、含蓄、深刻、多义的特点。读者阅读文学作品的态度不同于对文章体裁那样理性、冷静，往往受情感的支配，其思路显示出复杂性，多呈曲线形，起始于语言符号，接着转换成形象蕴含，再挖掘其丰富内容，进而生发出哲理意味，后品味其风格技巧，文学文本经由读者的补充，呈现出鲜明的我向性，所以说，文学阅读是一种熔铸了读者感知、直觉、想象、理解和感悟等多种心理因素的发现性活动。

总之，读者往往通过抓住文眼，理顺线索，体悟情趣，展现意境，进而做出审美判断，获得文学涵养和享受。

### 3. 文献体裁影响读者的阅读技法

为了有效地把握不同的文献体裁内容，读者还需要根据不同体裁选择适当的阅读技法。不同的文献体裁，应采取不同的阅读技法。

（1）文章的阅读应重实贵用。文章这种文献体裁重实贵用，科学、事实信息明晰清楚，阅读呈线性对应关系，由于文章体裁种类繁多，所以阅读中就应根据不同的体裁采取不同的阅读技法。我们还以论文文献体裁来说，论文主要采取不同的论证方法来论证或阐明作者的观点或研究发现。

第一，对论文的语句、用词有明确的解读，对复杂的句子要仔细体味，以加深对论文论点的理解。

第二，了解论文的论证过程、所运用的研究方法。所以应从理清思路、剖析结构入手，根据"观点统帅材料，材料说明观点"的原则，可以根据读者不同的阅读目标，灵活采取摘读法、精读法、带题阅读法等方法进行阅读。

（2）文学的阅读应悟意审美。文学的价值在于审美，它的美感信息带有含蓄性、朦胧性。读者阅读文学作品通常从对文学形象的感受出发，理会文学作品的思想内容和情思，使自己获得情感的满足和审美的享受。阅读文学作品不同于阅读文章作品，读者面对的是生动的艺术形象，是根据自己的思想感情和生活经验来理解文学形象，丰富其形象的内涵，达到主客观的统一，不仅被其艺术形象所吸引和感染，而且在思想上有所启发，获得心灵的愉悦。阅读文学作品，读者会全身心去感受和把握作品的内容美和形式美，通常会采用反复推敲、吟诵的全读法和熟读法。当然，文无定法，读无定式，阅读方法要根据不同文章而定，亦可借助于其他阅读方法，提高阅读的效率和功用。

## （三）文献信息开发服务的影响

### 1. 文献信息的序化影响读者的阅读行为

文献信息的序化是原始的文献信息开发方式，它通过对文献外在特征和内在特征的揭示，通过对知识序化方式，提供文献信息的利用。

文献信息的序化，具体内容如下：

（1）对文献外在特征的序化。外在特征的序化是读者到馆首先要接触的阅读行为，以此确立所指向的文献信息。如馆藏期刊目录、中文图书目录等。

（2）对文献内在特征的序化。把文献中的知识，按分类、主题或专题，使其有序化，如图书馆目录等。这使读者能够查找到与自己学习、研究最需要的相关文献信息。

（3）对知识内容的揭示。这类文献信息给读者以启示和帮助，大大节约读者的时间，从而使读者能够及时发现感兴趣的信息。如期刊篇名索引、文摘、书评等。

（4）对知识的重组开发。根据特定需要，将文献中的有关信息，通过选择、分析、整合，按一定的体系加以编排的文献产品，如信息选辑、信息选编等。这些文献信息更受读者欢迎，有些机构读者甚至会主动向图书情报部门索取、订阅。这是文献信息的三次加工和深加工，对读者学习、研究具有较高的参考价值。

现在图书馆读者服务工作的个性化，以藏、借、阅一体为基础，使读者能够获得专题化、个性化的文献服务，这对研究性读者的帮助更大。这类读者为了自身的专业和科研发展，特别需要能体现当前最新学术水平的知识和经过梳理整合的专业信息，因为他们需要的是经过进一步提炼和浓缩的系统化的知识。他们在研究过程中需要与时俱进，深入了解与其相关领域的知识和成果，个性化特征十分明确，而个性化的服务可以满足这类读者的阅读要求。

**2. 文献信息的活化影响读者的阅读效率**

文献信息的活化是对全面搜集到的信息经过分析、归纳后而提出的综合性的论述或评论，在此基础上，对事物或问题的未来发展趋势提出预测或建议等。这是更高层次的信息开发服务。这类信息深受领导决策部门的欢迎，也受到高校、科研机构读者的欢迎。

**3. 文献信息开发影响读者的阅读体验**

网络环境下的文献信息开发是近些年的事情。主要工作内容有：①用电子文本代替印刷文本；②在自己的网站或图书馆主页上发布电子文本，有偿或无偿提供给读者使用。这类文献由于在网络技术的支持下，信息面广，获取方便，并且可以与其他主体形成互动，特别受中青年读者的青睐。

### （四）参考咨询服务的影响

互联网给图书馆服务工作带来了深刻的变化，拓宽了图书馆的服务范围，改变了读者的阅读行为。一些图书馆和研究机构，借助互联网工具深入服务层次和类别，开发文献情报资源，为读者提供情报参考、科技查新、查收查引、目录专题导航等咨询服务，重点发展协作咨询、合作咨询和联合咨询等方面业务。越来越多的读者开始利用图书馆的网络信息服务，远程的人机交流模式为读者提供 24 小时的自助服务。读者可以选择合适的时间和地方访问图书馆查找目录、检索文本和阅览数据库获取信息。这种自助化服务，打破了时空限制，使图书馆成为读者获取信息和知识的中心。

## 四、媒介因素

媒介技术迅猛发展，新的阅读载体不断涌现，人类阅读正在经历一场前所未有的变革。阅读媒介的改变深刻影响读者的阅读行为。影响阅读行为媒介因素也是环境因素，是读者阅读媒介技术环境，媒介技术的发展对文献信息内容的显现、传递和接触、认知与使用具有十分重要的影响。

"新媒体的出现将读者不受时间、空间限制进行信息获取的需求变为现实。"[①] 新媒体改变了媒介生态环境，变传统的单向传播为双向互动传播，去中心化，阅读呈扁平化、互动交流、分享状态。新媒介载体不仅给读者带来了全新的感官刺激，也使人们获得新的读写能力。新媒介载体可以容纳海量文本信息，而且因其具有便捷性、即时性、互动性、分享社交性等特点，受到人们的追捧。

随着新技术日益发展和先进的技术支撑，任何一家图书馆都可以开展超馆藏、跨地域的文献信息资料的服务，每一位读者都可以在任何一家图书馆或其他场合享受图书馆服务。实际情况应该是，读者并未减少对图书馆的各种服务需求，而是对图书馆服务有了更新、更高的要求。他们已经不再满足于到馆接受传统服务，到馆少也并不意味着对图书馆文献信息等服务的减少。

## （一）纸质阅读与新媒体阅读的联系

读者的阅读感受是联想式的，纸质文献具有特有的墨香和质感，纸质阅读的思维是线性思维。纸质阅读的优势表现在：直观性强，携带方便，易于保存，书面语言的标准化，容易翻页，便于阅读，不须具备一定的使用有关设备的知识，不受辅助设备的局限，符合人们的阅读习惯，目录可以帮助读者在不同的章节里切换，书签和折页可以帮助读者快速回到上次的阅读状态，有基于纸质实质所形成的版本、图书馆、借阅等文化，有历史感，阅读的整体感较好，能知道阅读的内容在整体内容中的层级，可以同时参阅其他书籍，方便展开对比阅读。

新媒体阅读的阅读媒介为电子媒介、数字媒介、网络媒介，其形态多样。阅读方式明确不同于纸质阅读：①立体、动态、非线性阅读；②内容是动态的，阅读文体则相对静止；③手指翻动、鼠标滚动和点击，用键盘打字。新媒体阅读的优势表现在形象、生动、丰富，生产周期短，成本低，体积小，重量轻，存储密度大，受众涉入度较高，交互性强，复制简便、快捷，个性化强，检索方便，便于进行信息管理，超文本链接，超媒体，可随时下载打印，载体形式容易转换，可以根据所需调整界面呈现方式，包括字号、图片大小的调整，修改再版容易，提供了多样性、深刻性解释内容的可能。

---

① 朱丽，赵海蕾.新媒体环境下高职院校读者行为研究[J].吉林工程技术师范学院学报，2017，33（11）：61.

## （二）媒介技术促进文献文本形态的转变

文字出现以前的人类阅读是一种面对客观外在世界的全感信息阅读。文字符号出现后，人类借助文字符号，主要依靠视觉所进行的具有公共性、群体性的朗读、诵读、默读结合的阅读，限于文本的数量和保存性差等因素。

广电媒介的出现，改变了读者纸质文本独大的局面，分流了不少读者去关注广电媒体所提供的信息和娱乐。这是媒介对大众阅读的第一次冲击。这种阅读相对于纸质阅读，内容浅显，但有流动的画面和声音，生动活泼，也能吸引大量读者花费较多时间观看广电媒体所提供的信息。

随着互联网的普及和媒介技术的不断进步，网络阅读很快进入人们的阅读生活，而且随着5G技术和移动互联技术的发展，不受时空限制的移动阅读成为每个文化人的家常便饭。媒介技术的进步，促成文本载体形式的多样化。从阅读文本形态看，文本经历了从简策到纸本，从抄本到雕版印刷再到机器印刷，乃至今天的电子媒介。而且同一发展阶段存在多种文本并存的现象。

文本的变化对阅读也会产生一定的影响。作为知识、信息的载体，文本在形态、数量、质量、传播规模乃至内容上的每一次变革，必然带来阅读的方式、数量、规模和功能的变化。

文本对阅读习惯产生影响。读者对不同类型的文本有不同的阅读习惯。读者在读纸质文本时，经常来回翻阅，边阅读边做记号，而读电子文本时，是一边阅读一边握鼠标或手机进行拖动。阅读习惯的改变，也影响着人们的思维方式、认知方式，乃至生活方式的改变。

媒介技术的发展，使人类阅读不断发生变化，这主要是其所生成的文本载体形态发生的变化所致。不同的文本形式是与不同的阅读实践相联系的。而如今，出现网络超文本，阅读走向泛读、浏览和选择。

## （三）新媒体促进读者阅读需求转变

新媒体促进读者阅读需求转变，主要表现在对信息内容、信息传播方式和信息传播媒介上的变化。

### 1. 信息内容方面的转变

新媒体时代，人们倾向于阅读新闻资讯、生活服务、休闲娱乐等内容的轻信息。在新媒体环境下，人们对"轻信息"表现出的选择性偏好有其深刻的社会原因。信息技术的进步和不断应用使得人们这种信息偏好成为可能。在新媒体环境下，人们的信息消费观念已经发生了深刻的变化，每当需求出现，人们的第一反应就是通过搜索引擎查找相关信息，而不是通过纸质文献。

此外，人们对"轻信息"偏好还有社会、经济、历史及文化等多方面、多层次的原因。在现代商业社会，快节奏的生活使人们的心理趋向浮躁。为了达到高效率的目的，越来越多的人选择通过快速浏览来迅速获取大量实用信息。这些数字化信息特点是简洁，读者借此可以实现轻松阅读和休闲娱乐的信息诉求。

### 2. 信息传播方式的转变

在信息传播上，不同的群体因媒介的传播方式不同而阅读体验不同。新媒体时代的网络传播，其特点就是信息呈交互传播，人们通过互动的信息交往获得了与传统媒体时代不一样的阅读体验。伴随网络成长的新生代，由于生活环境的影响，更偏好互动性信息。青年人群体更加追求互动式的阅读体验；中年读者，他们在快节奏、高压力的环境下工作、学习和生活，他们渴望能舒缓紧张的神经，释放工作和学习压力，也在尝试包容、隐匿、随意和娱乐的互动交流方式。

在互动性的阅读环境中，读者可以充分展现自我，读者之间、读者与作者之间可以平等、自由地交流讨论，激发人们的求知欲，扩展人们的视野，每个人都成为智慧与思想的构建者和传播者。这是互动式体验阅读的魅力所在。

### 3. 信息传播媒介的转变

不同的媒介有不同的工具性质与传播特点，因此，它们在传播的内容、形式和程度上也有差异。人们在传播中是能够根据自己的心愿有目的地接触媒介，将需要的满足与媒介的使用联系起来。

现在读者大多接触、使用网络和手机媒体来阅读信息，青年人的使用率则更高，由于手机作为新媒体具有轻便的特点，加上移动互联之后，人们可以随时随地进行随心所欲的交流和进行信息传播。所以，手机就成为目前人们在媒介选择上的偏好。人们利用网络、手机等新媒介，制作和传播信息，同时也促进人类阅读的发展。

# 第三节　读者需求类型及变化趋势

图书馆是社会发展需要的产物，这种社会需要的具体表现就是读者需求，图书馆就是以读者为对象的存在物。读者需求是指读者对适用图书文献的寻求过程，它以读者的阅读目的为出发点，以其适用文献的取得为结果。研究读者需求，有利于图书馆工作人员业务水平和自身能力的提高，有利于完善和发展图书馆的各项职能，从而促进图书馆事业的发展。

# 一、读者需求的类型划分

读者在阅读活动中表现出来的兴趣和需求是多种多样的。从不同的角度和标准出发，会看到各不相同的读者需求类型。各种类型的图书馆要根据各自的性质、规模和任务，认真分析读者需求的类型和特点，以便更好地为读者提供服务。读者需求大体可以总结为如下几种类型：

## （一）社会型读者需求

社会的政治、经济、文化诸因素会给读者阅读需求不断施加影响，甚至在阅读文献的版本、内容，需求的强弱程度以及趋势等方面都会起着巨大的作用。社会型读者需求是社会需求和客观发展的趋势所迫，明显地展示出时代特征和发展潮流的需要。这种社会型的读者需求呈现出的突出特点，就是读者在一个阶段对文献需求的数量较大，读者阅读的时间相对集中，使得某些文献数量暂时紧张，成为众多读者的阅读中心。

随着时间的推移，社会潮流的变化，社会型读者需求也会随之发生转变，有的会从短暂的阅读需求变为持久的阅读需求，有的会发生转移，形成新的阅读需求。面对这种社会型读者需求，图书馆工作者要用敏锐的观察和科学的态度认真对待，要经常关心国内外发生的大事和社会发展的趋势，同时要分析这种读者需求的性质、规模、强度以及时间的长短，掌握读者需求的发展方向，使读者的长久需要与现实需求充分地结合在一起。与此同时，应做好图书馆藏书的调配工作，加强图书的宣传，促进图书的流通，满足大量的社会型读者的阅读需求。

## （二）业余型读者需求

业余型需求与读者的工作和学习一般没有直接的联系，它受自己个性心理因素的影响比较明显，反映了个人的爱好倾向及心理特征。与其他类型的读者需求相比，业余型读者需求是最为常见的读者需求，几乎所有读者都有这种阅读需求。图书馆要善于发现和引导读者健康的业余需求，培养读者对科学技术、文学艺术的浓厚兴趣，使读者的阅读活动得以健康、有效地实现。

### （三）专业型读者需求

专业型读者需求是指从事学习、工作、研究等专业活动的读者所提出的文献需求。这种阅读需求经常与读者自身的业务工作、专业学习和研究活动紧密联系。一旦满足了专业读者的需求，则使得读者在专业知识技能和解决具体问题的能力上有所提高，又会推动专业实践活动的进一步深入发展。由于专业型读者需求与其从事的专业实践在内容、目的、范围、时间上有一致性，因而体现出明显的职业特征，这种需求是为了解决面临的实际工作任务和难点，其需求的特点是专业性、资料性、咨询性。

在阅读活动中，各种行业、职业、工种的读者，按照自身业务要求，其阅读需求和阅读倾向比较固定，对文献内容的要求具有针对性。相同行业、职业、工种的读者，其专业阅读需求的指向差别不大，但由于年龄、文化、知识结构和素质的不同，就会在文献利用的侧重点以及深度与广度上存在差异。一般来说，从事较为复杂的专业工作的读者具有专业阅读需求，而且需求的范围比较广、专业性强、水平较高、持久稳定。研究专业型读者需求的共性和个性特点，有利于更具针对性地做好读者服务工作。

### （四）研究型读者需求

研究型读者需求是指为了解决某一研究课题，完成所担负的具体研究任务而产生的阅读需求。具有研究型需求的读者往往是围绕研究内容组织和开展阅读活动，以便了解课题的研究动向，掌握课题的研究水平。因此，这种读者需求所涉及的阅读范围具有长期的指向性和专业性，体现出较强任务规定性的特点。任何承担了科研课题的读者，受研究任务的制约都会表现出积极的研究型阅读需求。

研究型读者需求是将阅读活动与创造性活动紧密结合的阅读需求。研究型读者需求对文献有着一定的要求，其特点是具有全面系统、准确具体、新颖及时和针对性强等。对于研究型读者的需求，图书馆工作人员要采取不同的方式，不懈地搜集、加工、整理和提供有关文献，为读者提供重点服务，不断满足这类读者的研究需要。

## 二、读者需求的变化趋势

第一，主动性的阅读活动有增强的趋势。读者对文献信息的需求极为强烈，主动性的阅读活动有增强的趋势。因此，在当前网络环境的新形势下，读者的阅读需求出现了一些新的变化，应当引起图书馆的重视。随着我国经济的快速发展，社会生活的各个方面也在发生着巨大的变化，图书馆的读者需求也会产生相应改变。不仅读者的数量迅速增加、读者的信息意识逐渐增强，读者需求也向获取信息量的方向变化。随着社会经济的不断发展，有许多潜在的读者转化成为图书馆的现实读者。使得各级图书馆读者人数增加，信息需求量增长，需求的范围更趋广泛。

第二，向技术经济信息需求转化。读者需求由以学科信息需求为主，逐步转向技术经济信息需求。由于价值观念的转变，人们普遍认识到信息是潜在生产力。读者对技术经济信息的研究、开发与应用，技术的引进、吸收与创新，市场预测与推广前景的需求量呈上升趋势。

第三，读者需求的多学科、多样化要求日益明显。自实行对外开放政策以来，我国与世界各国的交往日益频繁，大量的信息互相交流，使得读者的眼界射向各种观点、各种题材、各种风格及各种流派的著作。读者需求的范围之大，兴趣之广泛超过以往许多倍。

第四，向自动化网络化为主的方向转化。需求的全面性、系统性不断提高。国内产、学、研各个系统之间的需求迅猛加强。随着科学技术的不断发展，国际全方位的文献需求增加，表现出跨时空的信息需求。

第五，对文献信息服务的智能化、数字化要求日渐凸显。图书馆数字化建设，可以实现对数字资源的有序、高效管理和便捷的检索服务；实现在手机端查阅传统文献资源及新兴多媒体资源；实现为盲人提供数字服务和对各类文化活动的预约及实时转播服务。

第六，从大众化需求到个性化需求。随着图书馆的发展，读者因其年龄、专业、个性、爱好、知识积累、信息获取和利用能力的不同，对信息和服务的需求提出了不同的要求。如希望提供儿童分级阅读、儿童图书独立检索，提供针对老年群体的服务，提供类似当当网的相关图书推荐等，更有读者希望开设线上线下的不同读者群，与同行或相同爱好读者交流与分享。因此在传统服务基础上对读者人群进行细分，进一步提供细致的多元化服务是图书馆工作需要关注和研究的重要课题。

第七，从基本阅读需求到综合文化需求转变。从读者意见诉求可以看出，很多读者到图书馆已不仅仅是出于对阅读的需要，他们希望在这里接受全方位的文化熏陶，能经常参加各种讲座、展览、电影、沙龙等文化活动。因此，为倡导全民阅读推广，图书馆需要举办内容丰富、形式多样的公益文化活动，联合社区、街道延伸服务场所，共同推进区域公共文化服务，让更多的读者得到实惠。

# 第三章
# 图书馆读者服务的方法体系

## 第一节　文献外借与阅览服务

### 一、文献外借服务

文献外借服务作为图书馆不可或缺的基本方法之一，是图书馆为了满足读者的阅读需求，允许读者将馆藏文献借出馆外自由阅读、独自使用的服务方法。由于这种方法为读者提供了方便，极大地满足了读者可以集中时间阅读、利用馆藏文献的需求，因此是读者最乐于采用、最欢迎的方法。

### （一）文献外借服务的类型划分

外借服务满足读者将文献借出馆外的需求，也弥补了图书馆条件与设备不足的缺陷。为了方便读者，最大限度地发挥图书馆外借服务的有效功能，根据外借服务对象、文献来源、外借方式等方面的差别，外借服务的形式可以采取个人外借、预约借书、集体外借、馆际互借、阅览服务、复制服务、邮寄服务等。

#### 1. 个人外借

个人外借是图书馆外借形式中最主要、最基本的服务形式。读者可以凭图书馆发放的借书证，以个人读者的身份在馆内设置的借书处外借馆藏文献。按照读者外借文献的需求和馆藏文献的种类以及读者成分的不同，图书馆可以设置功能不同的借书处，用于满足读者的不同需求。在整个外借服务中，个人外借，从品种到数量都占外借书刊的绝大部分。

### 2. 预约借书

预约借书是读者向图书馆预约登记某种指定需要而暂时借不到的文献，待图书馆读者所需文献入藏或别的读者将文献归还图书馆后，按预约登记借阅顺序通知读者借书。预约借书可以降低拒借率，满足读者的特定需要，是行之有效的外借服务。

### 3. 集体外借

集体外借是图书馆为群体读者服务的方法。群体读者按照图书馆的规定办理集体借书证，然后由专人负责，代表小组成员或单位读者向图书馆借书处集体外借批量文献，以满足集体读者和单位读者共同阅读的需要。

集体外借一次外借的文献品种多、数量大、周期长。在借阅周期内，读者可以从图书馆借出的文献中，自由地交换调阅自己所需要的文献，从而减少了个人往返图书馆外借文献的时间和困难。这种方法在方便读者、满足读者阅读需要的同时，还有利于图书馆合理安排分配有限的文献，缓和供求矛盾，节省接待读者的时间。因此，这种服务方法在公共图书馆、高校图书馆、科学专业图书馆采用得十分普遍。

### 4. 馆际互借

馆际互借是图书馆为了满足读者阅读需求，帮助读者从其他图书馆借阅文献的一种服务方法。为了解决馆藏无法满足读者的借阅需求问题，图书馆之间、图书馆与文献情报部门之间，相互利用对方的馆藏文献，通过邮寄或直接外借等方式，为读者间接借阅所需文献。这种外借形式，不仅可在本地区范围和本国范围内馆际之间，而且可发展到国际范围馆际之间，从而打破了馆藏资源流通的部门界限，也打破了读者利用文献资源的空间范围界限，实现了不同范围内馆藏文献资源共享。馆际互借是外借服务形式的一种发展方向。

### 5. 馆外流动借书

目前，馆外流动借书已经成为许多图书馆主动为读者服务的重要方法之一。馆外流动借书是一种采用馆外流通站、流动车、送书上门，将部分馆藏文献送到馆外，直接在读者身边开展借阅活动，主动为广大读者服务的外借形式。馆外流动借书扩大了文献流通的范围，方便了不能直接到图书馆借阅文献的读者，密切了图书馆与读者的联系，满足了读者阅读文献的迫切需求。

馆外流动借书的具体服务方式主要包括：①在工矿企业、事业单位、国家机关、城乡居民点等人口相对集中的地方，建立"流通服务站"，挑选实用性强的优秀文献，采用定期交换的办法，通过"流通服务站"为读者开展借阅服务；②由图书馆装进汽车或其他运输工具，将经过挑选的文献送到馆外读者集聚的地点，开展巡回流动外借服务，这种外借服务方式，是图书馆为偏远的农村、山区和远离图书馆地区的读者开展主动服务工作的有效方式，已成为许多图书馆为读者服务的基本方式之一；③针对重点服务单位、重点服务对象和那些急需文献而又不能到图书馆借阅的读者用户，图书馆采取主动送书上门的外借服务方式，这种外借服务方式深受重点读者、弱势读者的欢迎，也是图书馆为科研课题开展跟踪服务的有效方法。

## （二）文献外借服务形式

第一，闭架外借。闭架外借是指读者在借阅图书馆的馆藏文献时，只能通过查阅目录填写索书单，请馆员帮助提取并办理借阅手续。

第二，半开架外借。半开架外借是指图书馆根据馆藏书刊复本量的多少、是不是热门书刊、是不是最新到馆的书刊等情况，将最新书刊、热门书刊和复本书刊等向读者实行部分开架借阅。

第三，开架外借。开架外借是指读者在借阅图书馆馆藏文献时，自己可以进入书库自行挑选书刊。当确定了自己需要的书刊后，请馆员帮助办理外借手续，即可携出馆外自由阅读。

总之，一般情况下，读者需要量最大的书刊，可实行"开架借阅"；品种较少、价值较高的书刊可实行"半开架借阅"；流通量较少的过期书刊或珍贵稀少的文献可实行"闭架借阅"。从图书馆借阅体制发展的趋势来看，"开架外借"形式已逐渐成为一种趋势。从方便读者的角度考虑，凡是有条件的图书馆，都应当尽可能地采用完全开架、自由开架的外借形式，为读者利用图书馆馆藏文献提供更多的便利。

## （三）文献外借处的设置

不同类型的图书馆，可以根据自己的实际情况和条件，以有利于读者更好地利用馆藏文献为原则，合理布局与安排。一般图书馆外借处的设置主要有如下几种类型：

1. 普通外借处

普通外借处，也称总外借处，它是利用图书馆的基本馆藏文献，为本馆所有读者服务的阵地。

2. 专科外借处

专科外借处是指按照不同划分标准，如学科专业、读者对象、出版物类型、文献种类等而设置的外借处。

（1）根据学科划分外借处。它是按着大的知识门类设置的外借处。如自然科学书籍、社会科学书籍、文艺书籍、科技书籍等外借处，便于读者按着知识门类索取图书。

（2）根据出版物类型划分外借处。如期刊、报纸、工具书等外借处。

（3）根据读者类型划分的外借处。如高校图书馆，可分为教师外借处、学生外借处。

（4）根据文种划分的外借处。它是依据馆藏文献语种的不同而设置的外借处。如中文外借处、外文外借处。

# 二、文献阅览服务

文献阅览服务是指图书馆利用一定的空间设施，组织读者到图书馆阅览馆藏文献的服务方法。在图书馆开展的各种服务方法中，阅览服务是不可或缺的基本方法。下面以阅览室为例，分析文献阅览服务中阅览室的特点、类型与作用。

## （一）文献阅览室的特点

阅览室具有安静幽雅的学习环境和良好的设施，为读者学习、欣赏、研究馆藏文献提供了方便的条件。读者在阅览室里有多种方式利用文献，可以直接查询，既方便又快捷。这对渴求知识的读者来说，具有极强的吸引力。

由于读者在阅览室里阅览的时间往往都比较长，因此阅览室工作人员有更多的机会接触读者，观察和了解读者的阅读需要、阅读倾向和阅读效果，以便于有针对性地进行文献推荐，指导阅读，为提高阅览服务工作质量收集必要的参考信息。

在阅览室的服务环境中，由于室内文献阅读的交换频率高，在短时间内，相同的文献可以被多人利用，从而可以更充分地发挥馆藏文献的作用。

## （二）文献阅览室的类型与作用

图书馆可设置各种类型的阅览室，发挥各自的作用，并使它们形成相互配合、相互补充、有机联系的阅览室体系，全面而又有区分地满足各类读者的不同需要，这也是搞好阅览服务的基本保证。设置阅览室的数量、类型、规模，依图书馆的实际条件和读者需要而定。一般可划分为如下几种形式：

### 1. 根据知识门类划分

根据知识门类划分的阅览室，是指集中某些学科范围的书刊资料，便于读者按学科需要利用文献的阅览室。包括综合知识阅览室，哲学、社会科学阅览室，马列经典著作阅览室，自然科学阅览室等。

设置这种分科阅览室已成为图书馆阅览服务工作朝专业化方向发展的一种趋势。对于读者而言，分科阅览室已成为进行系统学习、科学研究的阵地。

分科阅览室工作人员的配备，应注意挑选那些综合能力较强的专业人员。只有这样，才能做好分科阅览室读者服务工作。

### 2. 根据读者对象划分

为了更好地开展服务工作，满足不同类型读者的需求，许多图书馆都根据读者对象来设置阅览室。在这些阅览室内，根据读者类型的不同，陈列不同的文献，配备不同的工作人员，提供针对特定读者群的服务。如"教师阅览室""少儿阅览室"等。

### 3. 根据文字划分

这种阅览室主要有"中文文献阅览室""外文文献阅览室"和"少数民族文献阅览室"等。该类型阅览室的设置，主要是为读者研究不同文种的相关文献提供方便条件。

图书馆所设立的各种类型的阅览室，一般都是开架阅览，读者自己选择文献，在室内阅读，用后放回原处。不允许将所阅资料带出室外。

### 4. 根据出版物类型划分

当前，图书馆收藏的文献不但类型越来越多，而且载体也多种多样。就文献类型来说，不仅有图书、报刊，而且还有专利、标准、会议记录等。文献的载体更是多样的，既有印刷型，也有缩微型；既有音像型，也有数字型。如果将同一出版类型文献集中在一个阅览室，就容易满足读者查找阅览的特殊需要。如报纸阅览室、期刊阅览室、工具书阅览室、多媒体电子阅览室、视听阅览室、缩微资料阅览室等。

（1）报刊阅览室。此室主要陈列现刊和当月当日的报纸。以开架陈列方式供读者在室内阅览。这里的文献资料出版周期短、速度快、内容新、情报性强、信息量大，是图书馆开设的主要阅览室。

（2）工具书阅览室。工具书一般包括字典、词典、百科全书、年鉴、手册、表谱、图录、人名录等。我们在阅读文献、分析情报资料时，往往会碰到这样一些问题，诸如不解其意的生字、专业名词术语、学者名字、某种科学理论、历史事件、年代、数据等。为了适应上述需要，图书馆收藏了大量的种类繁多的参考用书，也就是参考工具书。这些工具书一般价格昂贵、复本少，所以不外借，为了便于读者查检利用，将这部分藏书集中放在一个地方，即工具书阅览室，以方便读者随时利用。

（3）多媒体阅览室。这是近年来随着校园网的普及和计算机技术的发展而建成的一种新型阅览室。在这种现代化的阅览室中，读者可以利用计算机浏览互联网的信息资源，或检索其他网络数据库，或通过网络访问其他图书馆的馆藏资源。

# 第二节　编译服务与参考咨询服务

## 一、编译服务

编译服务是指图书情报部门针对社会需要，组织专门力量，代替读者直接翻译和编写外文书刊资料，以帮助读者克服语言障碍，扩大外文文献利用为目的的服务。

### （一）编译服务的形式

编译外文文献有两种体例形式：

第一，翻译体。即按照原文直接翻译。其来源语言与目标语言完全一致，译者不附加任何外文词语。如接受读者委托，翻译一本书、一本期刊、一篇文章、一份资料，或节译、摘译其中的章节片断，都要忠于原著，照实翻译，使译文内容与原文内容丝毫不改样，经校对审查，能相互对照阅读。

第二，编译体。即汇集若干同类外文著述，由编译者按照一定问题系统，用编译者的词语加以描述，来源语言内容只作为目标语言的参照系，成为一种经加工整理的编译文著述，这种编译文献，连译带编，编译结合，将有关外文文献在理解消化的基础上，重新进行分析、综合、组织、编排，成为一篇完整的文献。编译文献多用于对外资料的报道、介绍、综述、述评、动态等方面的整理创作，比单独直接翻译难度更大。

### （二）委托代译与交流翻译

图书情报部门的编译服务，又称为代译服务。

第一，人工代译服务过程。人工代译服务过程分两个步骤：①由读者申请登记，提出翻译材料（或编译的课题）的具体要求，以及译文交付的期限；②图书情报部门根据译文要求，组织翻译人员进行原文直接翻译，或课题参译，并按期保质保量提供给读者、用户参考使用。

第二，交流编译。交流编译是广大编译人员将自己的编译著述作为学术成果公之于世，或出版发行，或出席会议作为交流报告。其中，正式发表或出版的译著，必须经过专业人员审查校订，并交付一定的版权费。

无论是委托代译还是交流编译，都是图书情报部门为读者提供编译服务的重要情报资料来源。无论哪种翻译服务，其翻译作品都具有难度大、要求严的特点，并要求翻译作品质量高、速度快、情报价值大，这就要求翻译人员具有一定的外语能力，涉猎广泛的文化知识、写作知识和熟练的翻译技巧，只有具备这些知识和能力，才能充当合格的翻译工作者。

## 二、参考咨询服务

对于图书馆来说，参考咨询服务属于比较复杂水平的服务工作。它要求咨询工作人员具有高水平的知识结构，熟练的文献检索能力；图书馆的文献资源，具有多类型、多类别、多层次的合理结构，它也要求图书馆员敢于承担课题任务，善于解决实际问题，并且在服务效率、服务质量、服务效果方面达到预期目的，为社会认可或受到较高的评价。

参考咨询服务方法是图书情报部门针对读者提出的疑难问题，利用各种参考工具、检索工具、有关文献及网络平台，为读者查找、提供文献及文献知识、文献检索，以解答读者问题的一种服务方法。图书馆就能通过各项服务，尤其是咨询服务，做出成效，从而提高自己的社会地位，扩大影响，真正达到图书馆服务于社会，社会离不开图书馆的局面。

### （一）参考咨询服务的类型划分

按照读者提出咨询服务问题的内容性质，可以把咨询服务分为三种类型：

1. 事实性咨询

事实性咨询，即查找具体的人物、事物、产品、数据、名词、图像等。如查找经典著作中某一论述的出处；查找某一字、词、成语、典故、概念的解释；查找某一历史人物、历史事件、地名、时间；某一具体的法律、条约；某一科学数据、统计资料；某一公式、定律、参数、图表等。事实性咨询解答，一般要利用各种参考工具书如年鉴、百科全书、词典、字典、指南、手册等查找线索或答案。

2. 专题性咨询

专题性咨询，即围绕某一特定主题，利用各种检索工具，查找有关文献、文献线索及动态进展情报。这种咨询学术性较强，要求提供的文献全面、系统、针对性强。如要求查询某一学科、专业课题的文献资料，要求查找某一研究课题的背景资料、发展现状及未来前景预测等。

### 3. 其他咨询

读者在利用图书馆的过程中，难免遇到这样或那样的问题，如某种文献收藏在何处，如何查找著者目录、如何查找文献资料等。作为图书馆员，应该了解馆藏、熟悉检索工具，及时解答读者在利用图书馆的过程中遇到的各类问题。

任何一个图书馆员都有责任和义务解答读者提出的问题，一般问题可即时口头解答。较为复杂的事实性、专题性咨询，则需要专业人员经过文献调研后，方可解答。我国大中型图书馆普遍设立了咨询服务机构，从事参考咨询服务，解答读者提出的各种咨询问题。

## （二）参考咨询服务的程序

参考咨询服务的过程，就是分析问题与解决问题的过程。从受理咨询课题到了解情况，查找文献，直至获取答案，解答问题，是一个完整的过程。而过程的各阶段，既相互联系、相互交叉，又相互独立，各具不同的特点、方法与要求。

### 1. 受理咨询

无论读者以何种方式（如口头、书面、电话、信函或 E-mail 等方式）提出咨询问题，只要是属于文献的服务范围，都应受理。受理咨询问题，须分析问题性质，判明属于何种解决方法，对于比较简单具体的问题，可通过书目、索引、文摘、工具书等直接进行口头解答。对于比较复杂的问题，须进行书面记录，责成专人进行系统解答。

### 2. 调查了解

受理咨询后，必须对课题情况、读者情况和文献需求情况做具体的调查了解，以便从实际出发，有针对性地解答读者的咨询问题，提高咨询服务的质量和效果。

关于咨询课题，应同读者共同调查了解它的主题范围和学科归类，内容特点与基本需求，以及国内外研究进展情况。向读者学习，向馆藏文献资源求知，将调查与学习结合起来，方能取得调查了解的良好效果。

关于读者情况，主要了解课题组的整体情况及个别情况，了解他们的年龄、职称、学历、掌握语种等，了解他们课题计划，完成期限，投入的人力、物力及文献调研的要求与具体安排。调查读者情况主要围绕课题的内容，以便更准确地掌握课题的全貌和熟悉读者的文献需求。

关于文献需求情况，主要了解读者在选题时对文献的认识与掌握情况。已经搜集、阅读过哪些文献，使用过哪些参考工具书和检索文献，使用效果及存在问题如何，今后的文献需求设想怎样，希望图书馆着重帮助解决什么问题。通过对已知文献使用的动态了解，预测未知文献需求范围、重点、深度，为准备查询文献做好充分准备。

### 3. 查找文献

图书馆在调查了解的基础上，制订文献的查找方案和办法，研究查找范围，确定检索工具和参考工具，确定文献检索标识、检索途径，然后进入文献的实质性查找。将查得的文献线索反馈给读者，再按照读者的要求进一步筛选和查找原始文献，让读者鉴别取舍。

### 4. 答复咨询

图书馆经过一系列的文献调查、查找、鉴别和整理，获得读者所需要的文献或文献线索，即可做出正式的书面解答。其答复咨询的方式有多种：直接提供答案、介绍参考工具书、提供专题书目、二次文献以及文献线索，提供原始文献或文献复制品，提供综合性文献资料等。具体可依课题的性质和读者的需求而定。

### 5. 建立咨询档案

图书馆对参考咨询课题，应当建立登记档案，凡是重大的、有长远意义的咨询课题，应当建立完整的档案，包括各种原始的记录、解答过程、最终结果等。完整、系统的咨询档案对了解本馆读者的需求有一定的参考指导作用。

## （三）参考咨询服务与书目服务的关系

咨询服务作为一种方法，它与书目服务方法并列，同属于参考咨询服务的范畴。咨询解答作为一种工作，它与参考书目工作并列，同属于参考咨询工作的范畴。

咨询服务是以个别解答的方式，针对读者的具体课题研究需求，查询或提供有关文献、文献知识、文献线索；而书目参考服务，主要是根据研究课题的广泛需要，主动收集、编制各种通报性和专题性书目、索引、文摘、快报等二次文献，提供给读者和用户参考利用。在服务实践中，咨询服务要利用书目参考的成果，而且本身就孕育着各种参考书目源，而书目的编制与利用，必须适应更广泛的研究课题的咨询要求。所以，咨询服务与书目服务之间，相互交叉渗透、相互关系依赖、关系密切，常常共处一个参考咨询服务部门，从各自方面共同为科学研究、经济建设服务。

## （四）虚拟参考咨询

参考咨询工作是图书馆沟通读者与信息源的一种有效形式。我国图书馆参考咨询服务自产生以来，就处于不断的发展变化之中，从简单的问题解答、馆藏书目查询，到定题情报服务、研究课题查新及检索工具使用的教育辅导等；从纯手工检索文献、口头解答问题，到机械化检索文献或借助于电话、传真等进行咨询。参考咨询的有效开展，在很大程度上配合了图书馆情报职能、教育职能的发挥。

数字化参考服务，又称虚拟参考咨询服务、网络参考咨询服务。在网络环境下，图书馆或信息机构以网络为信息阐述手段，以数字化信息为基础，通过 E-mail、网页表格、在线交谈、视频会议等方式进行的参考服务。这种服务形式不受时间、空间的限制，能够借助相关资源，通过咨询馆员或特聘学科专家来为用户提供 24 小时的不间断服务，它代表着现代图书馆信息咨询服务的发展方向，其内涵要比传统服务更深厚。

第一，服务范围与信息源的广泛化。网络环境最大的优势就是打破了时空界限，读者无论身在何处，都可以全天候向咨询员发送问题，咨询员也可以利用丰富的、海量的网络信息源，这是传统参考服务时代所无法想象的。

第二，多样化的内容。数字参考服务的内容不仅包括传统参考服务中常规性的简单问题的解答，如馆藏文献书目查询、图书馆以及检索工具使用的教育辅导等，还包括网络信息资源的介绍、查找、评价、选择与提供，网上定题服务、简报服务、网络远程教育等。

第三，自动化的手段。数字参考服务的最重要特点就是服务手段的自动化、电子化、网络化。咨询馆员不需要与读者进行面对面接触，主要依赖计算机对信息进行自动化的查询、获取、分析、加工、存储等处理，利用互联网技术等电子化手段更大程度地实现与读者之间的交流。

第四，智能化的结果。由于咨询馆员借助计算机进行信息处理，如互联网数据库检索、光盘数据库检索、网络信息传输等现代信息技术，因而可以向读者提供更高水平、更高层次的解答，提供针对性更强、更具附加值的智能化成果。

## 1. 虚拟参考咨询的方式

（1）电子邮件参考咨询服务。电子邮件参考咨询服务主要有两种方式：

第一，E-mail 界面。读者通过图书馆网页上的链接，将咨询问题以电子邮件方式发送给咨询员，咨询员再以电子邮件方式将答案传送给用户。这只是虚拟参考咨询最简单和最流行的形式。除提供课题检索、科技查新、定题服务等常规咨询外，有些馆的特色咨询也提供上网。

第二，Wed-forms 咨询表单。对于每一个提问的读者，系统都会自动建立一个账号，并在提交问题之后，将账号密码发送到读者的电子邮件地址，读者可以根据这个账号，来查看问题的回答情况以及自己的提问历史。问题得到回答以后，系统也会自动将答案发送到读者的 E-mail，可以随时使用 E-mail 咨询提问，承诺在 2 个工作日之内做出回答。此外，还将通过 E-mail 对提问进行分类：指定教学参考书、购买新书、请求馆际互借、变更地址、文献信息检索、建议箱、问讯簿等。

（2）常见问题解答。建立一个常见问题解答数据库是最基础的虚拟参考咨询方式之一，读者可以在寻找参考咨询馆员帮助之前，首先参考常见问题解答有关内容。一个界面良好、检索方便、回答问题清楚全面的数据库是数字参考咨询环境重要的组成部分，也是参考咨询馆员提供数字参考咨询服务时有价值的参考源。

（3）电子公告板（Bulletin Board System，BBS）参考咨询服务。BBS 是虚拟参考咨询的另一种方式，是提供问题和答案的数据库。BBS 是具有中国特色的一种数字参考咨询服务，在国外图书馆很少用这种方式。BBS 的组织方式：①按时序倒排档，较多图书馆的 BBS 是提供按时序倒排档的方式，如华东师范大学图书馆；②分类检索，BBS 分类检索方式，使问题与解答更清晰和明确，为较多图书馆采用，如复旦大学图书馆；③关键词检索，BBS 关键词检索的方式，使读者能方便快捷地检索到所需问题，如厦门大学图书馆。

（4）实时数字参考咨询服务。读者通过图书馆网页，即时与参考咨询馆员进行在线信息交流，称为实时数字参考咨询服务。目前主要方式包括以下几点。①在线交谈。读者登录图书馆网页，并遵循必要的协议，就可实时地和参考咨询馆员在线交流，主要限于文字交谈。提供实时参考咨询的图书馆，开始时通常都采用简单的交谈软件。②网页推送。允许参考咨询馆员把一个网页推送至读者，读者就可享受到参考咨询馆员所推荐的信息资源。③共同浏览。参考咨询馆员可与异地读者一起浏览网页，这对于指导读者利用网络资源非常有价值，当读者使用网络数据库时，参考咨询馆员可将制定好的检索策略提供给读者，并对读者随时进行指导，这样可更快地明确读者所面对的问题，更直观地向读者演示解决的途径。

实时咨询软件主要有两种：①利用在电子商务中非常流行的网络客户呼叫中心软件，这类软件一般都具有网页推送和同步浏览、应用共享、寻呼日志、使用统计、自动回复、转发呼叫请求等功能；②图书馆或软件开发公司根据数字参考咨询的特点专门开发的软件。

（5）合作数字参考咨询服务。合作式的网上咨询服务是一种由两个或更多个图书馆团队组成的提供虚拟参考咨询的服务。为提供全面的信息咨询服务，目前许多图书馆将上述各种方式组合成一套完整的虚拟参考系统。

电子邮件和实时参考咨询的方便性，很容易带来急剧增加的咨询请求量，参考咨询馆员也经常遇到超过自身知识和可利用资源能力的复杂问题，而且，单个图书情报机构实际很难做到 24/7 咨询服务。为此，图书馆正探索利用网络技术，建立多个机构甚至多个系统间的数字参考咨询服务合作。

（6）QQ参考咨询服务。腾讯QQ具有广泛的用户基础，QQ具有以下特点：简单易学，无论何人在何时何地，都可以使用QQ与咨询馆员联系获取帮助；不需要成本，运行速度快；功能强大等。利用QQ可以实现如下服务功能：

第一，文字交谈。文字交谈是咨询的主要服务形式。一切其他服务都始于读者提问，咨询馆员回答的是文字交谈。音视频交流服务。音视频交流服务实现了人与人之间的直接对话，甚至达到面对面交流的效果。咨询馆员可以通过语音、语调、表情、神态更准确地了解用户真实需求，为其提供更满意的服务。

第二，远程协助服务。当用户咨询问题比较复杂，即通过语音交谈指导用户仍然无法解决时，咨询馆员可以通过远程协助服务控制用户电脑并亲自动手帮助用户完成其正在进行的操作。

第三，文献传递服务。文献传递服务是咨询馆员满足用户文献需求的主要服务方式。被传递的文献资源可以是全文、图片、音视频文件、软件或其他形式的资料。传递速度快，文献传递要求双方用户要同时在线，只有在双方至少有一位是会员的情况下才可以发送离线文件。

第四，网络硬盘服务。网络硬盘是腾讯公司推出的在线存储服务。服务面向所有的QQ用户，提供文件的存储、访问、共享、备份等功能。可以像访问本地硬盘一样访问网络硬盘。

第五，移动QQ服务。当咨询馆员和用户交流过程中其中一方突然离开，当咨询馆员不在线而用户又恰有信息需求时。移动QQ服务可以大显身手，通过及时短讯通信交流继续满足申请该项服务的手机用户的需求。移动通信服务具有不受时间、地域、硬件等限制的易用性、强大的功能、稳定高效的系统平台等优点。

第六，QQ邮件服务。当咨询馆员和用户中的一方不在线而用户有及时性不强的信息需求或移动QQ服务不完善、效果不好时，可以通过QQ邮件留言的方式达到双方沟通。在用户允许的前提下，可以把他们的邮箱加入QQ邮件列表，定期给他们发送有价值的信息。

### 2.联合虚拟参考咨询系统

联合参考虚拟咨询服务共享了各单位的信息资源、人力资源、服务资源，可以更好地满足用户广泛的需求，将是网络参考咨询的发展方向。

（1）全国图书馆信息咨询协作网。该协作网以中国国家图书馆为依托，建立网员制咨询服务协作关系，它吸纳全国各类型图书馆为网员，所有网员都可以信息提供者和信息需求者的双重身份参与信息交流活动，它通过网员间的优势互补，实现信息资源和人才资源的共享。

全国信息资源协作网设有中国国家数字图书馆网上咨询台，提供了成员馆的咨询邮箱及其服务内容，用户可以直接点击电子信箱，向各咨询部门提出咨询要求。全国信息咨询协作网的服务方式有电子邮件、表单，也开展实时咨询。

（2）国家科技图书文献中心的参考咨询服务。设立该项虚拟参考咨询服务旨在解决用户在查询利用科技文献过程中遇到的问题，咨询问题涉及基础科学、工程技术、农业科学、医药科学等多个学科。

实时咨询服务时间从每个工作日开通两小时增加到四小时。现在，当用户登录 NSTL[①]网站后，在任意一个页面，只要点击页面上端的导航条中"参考咨询"图标，便可进入"实时咨询"或"非实时咨询"。通过实时咨询，用户可以与咨询员进行在线交流，提问得到即时回答。非实时咨询将以 E-mail 方式在三个工作日内答复咨询的问题。

（3）中国科学院国家数字图书馆的参考咨询系统。为促进中国科学院系统参考咨询服务的发展，CSDL 研发全院联合数字参考咨询系统平台，联合了中国科学院原五个文献情报中心和二十多个不同学科科研所，采用了分布式管理，增加了本地管理权限和实时咨询功能，并且从整体上对各级参考咨询工作进行了协调。很多功能如实时咨询的协同浏览机制、问题征解、问题抢答等在同行系统中都具有先进性和新颖性。整个系统由四个平台组成：读者服务平台、协作咨询平台、全局管理平台和本地管理平台。对于读者提出的问题一般在三至五个工作日回答。

国家科学数字图书馆科学参考咨询台提供的服务主要有：①"我的问题"是科学参考咨询台的个性化参考咨询服务。②咨询馆员列表。点击"专家列表"，用户就可以看到本咨询台所有咨询专家的简要信息，包括编号、姓名、职称、特长、状态等，点击专家姓名可以看到专家的详细介绍，如果"状态"显示为"在岗"，用户就可以向该专家提问（点击专家姓名，再点击"向该专家咨询"）。③问答浏览检索。在提问之前，用户可以对本咨询台所有公开发布的问题和答案进行检索，寻找是否已经有了用户需要的相关信息，检索有问题标题、问题内容、答案内容等。此栏目下同时列出最新问题答案。④FAQ。FAQ是指常见问题及答案，列出该咨询台经过整理编辑的一些常见问题，帮助用户了解该咨询台的一般服务和资源情况。用户可以按类浏览 FAQ，也可以通过问题、答案、短语词汇三种途径对 FAQ 进行检索。

（4）中国高等教育文献保障系统的联合虚拟参考咨询系统。分布式联合虚拟参考咨

---

① 国家科技图书文献中心（National Science and Technology Library，简称"NSTL"）是科技部联合财政部等六部门，经国务院领导批准，于 2000 年 6 月 12 日成立的一个基于网络环境的科技文献信息资源服务机构。

询系统项目（CVRS）是中国高等教育文献保障系统（CALIS）的一个子项目，是一个由多馆参加的、具有实际服务能力的、可持续发展的分布式联合虚拟参考服务体系，以本地化运作为主，结合分布式、合作式的运作，实现知识库、学习中心共享共建的目的。

该系统由中心级咨询和本地级咨询系统两级架构组成：中心咨询系统由总咨询台与中心的调度系统、中心知识库、学习中心等模块组成；本地级咨询系统由成员馆本地虚拟咨询台、各馆本地知识库组成。这种架构方式既能充分发挥各个成员馆独特的咨询服务作用，也能通过中心调度系统实现各成员馆的咨询任务分派与调度。

### （五）参考咨询服务的发展趋势

用户对信息的需求无论从广度还是深度上都有了极大的扩展，参考咨询馆员对读者在利用文献和寻求知识、信息方面提供帮助的活动和工作。电子出版物、通信技术的发展对参考咨询的影响较大，数字图书馆日渐丰富的电子资源极大地提高了对读者的咨询服务能力。在咨询方式上，现代图书馆除了保留原有的在馆内开展问答式、发布式和教学式的参考咨询外，更需要通过网络对用户提供全方位的服务。在咨询内容上，更多的需要是帮助读者学会如何使用数据库、如何从网上查获本馆没有的文献等方面的问题，馆员还要开展综述、评论、专题研究报告、预测报告、动态分析等三次文献的高级咨询服务。图书馆还要为用户提供个性的订制服务，图书馆馆员根据用户的特定要求，把他们所需要的信息加以组织、整理，再传递到指定的电子信箱，因而，参考咨询服务必然在内容、手段、方式和范围等方面呈现出新的发展态势。

第一，多馆运行。数字参考咨询服务在网络环境下有着无限的服务空间，而支撑这一工作空间的必须是一个联合工作团队。从咨询时间上看，单个图书馆很难真正做到24/7数字参考服务；从信息资源看，单个馆也很难满足所有用户的各种信息需求。因此，多馆联合是数字参考咨询工作的必然发展趋势。这种协作咨询的优势表现在：①开放时间上更加适应用户需要；②经费上因规模经济而节省；③专业知识上优势互补；④整体服务水平因相互学习、相互促进而得到不断提高。

第二，实时合作咨询。基于知识库的网上多咨询台的发布实时合作系统，该系统将原给予的数据库管理发展为知识库管理，将实时解答系统发展为基于小组、集团或联盟的一个分布多咨询台的实时合作咨询服务系统。

第三，更多的交流方式。在宽带网络环境下，参考咨询双方不仅可以通过文字进行交流，还可通过音频、视频等方式，利用计算机网上的电话、摄像系统装置，真正"面对面"地咨询或解答。

第四，规范化与功能的扩展。提供答复更加完整、准确，形式也更加规范、统一。网络参考咨询的系统功能将会得到不断扩展，使得咨询越来越便捷、高效。咨询员可以控制读者的浏览，可以看到读者网上联机检索时的疑问和问题所在，甚至在不中断读者检索的情况下，帮助、指导读者解决问题。

第五，与其他服务相衔接。数字参考咨询将有效地与复印、原文传递、馆际互借衔接起来，向用户提供"一站式"服务。

第六，多语种处理。为了将来能顺利实现国际参考咨询的协作，有必要要求图书馆在参考信息源开发、知识库建设、咨询过程中增加其他语种版的制作。

# 第三节　情报服务与信息检索服务

## 一、情报服务

情报服务是指图书情报部门为用户搜集、处理、研究、提供情报信息的活动。它是人类社会信息时代情报传递与情报交流过程中不可缺少的服务形式，也是日益强化的高级服务方法。随着各种情报信息在广度、深度、速度、数量方面的增长，图书情报机构的使命，是从巨量的情报资源中，迅速准确地搜集、处理情报资料，以适当的方式向情报需求者提供所需情报，以推动情报交流与传递活动，发展情报服务系统，促进科学技术的进步，从而促进生产的发展和社会水平的提高。

### （一）情报交流服务

第一，情报交流服务的含义。情报交流服务，即图书情报部门为用户搜集、加工、分析、报道国内外正在进行的研究项目的有关情报[①]；定期地提供正在进行中的研究项目目录；还可以答复咨询，使有关部门、有关人员及时了解同行的研究进展情况。这在制定政策、确定研究项目、人力安排、投入资金、开展交流、避免重复等方面都有很大作用。为了获得最新情报，要了解研究项目当前的有关研究动向、研究构思等概要性的最新二次情报，得到这种情报的使用者再直接与研究者进行接触，取得有关研究进展的详细情报。

第二，情报交流服务的目的和作用。情报交流服务的主要目的和作用包括：①向国家有关研究决策人，以及研究计划的制订者与赞助者提供必要的研究动向信息，以及研究课

---

① 如研究课题、研究单位、个人及协作者投入的人力、资金与进展情况、设备情况、主要成果情况等。

题是否重复等情报；②向研究人员提供进行中的研究与发展情报；③向有关部门和研究人员提供进行中的研究手段、国家规划方案、各研究单位、研究人员的具体计划，研究领域中人员分布情况以及研究与发展计划中遗漏和重复的课题等情报。

## （二）情报调研服务

情报调研是一项学术性、专业性、政策性很强的情报服务工作，要求情报调研人员具有很高的业务知识水平，要求调研成果具有很大的情报实用价值。通过情报调研服务，使图书情报部门真正起到参谋、耳目的作用。情报调研服务是指图书情报部门根据国家、地区、单位有关部门的需要，对大量的一次文献和二次文献进行系统搜集、分析研究、归纳整理，并将研究成果用综述、述评、研究报告、专题总结等三次文献形式编写出来，提供给决策部门和人员研究参考。

情报调研服务提供的是一种创造性的再生情报资料，属于高级形式的文献加工服务。它是以文献情报已有的知识成果为基础，以研究性和预测性情报内容为手段，以提供最新的文献情报资料为目标的情报服务方法，这是专业性强的高层次情报服务。

## （三）竞争情报服务

竞争情报既是一个产品，又是一个过程。作为产品，它是一种信息，这种信息必须是：①关于组织外部和内部环境；②专门采集得来，并经过加工而增值；③为决策提供依据；④为赢得和保持竞争优势采取行动所用。作为一个过程，则是生产上述信息并使之运用于组织竞争的过程。

### 1. 竞争情报的特征

竞争情报与传统情报的情报概念相比较，其特征包括：

（1）更强的针对性。竞争情报将用户反馈当作自己的工作内容，并作为一个工作环节使竞争情报逐步完善来满足用户的要求，这也是竞争情报与传统情报工作的重大区别之一。竞争情报的内容、形式及简繁程度都要将用户的反馈信息作为进一步工作的基础。通过用户发现不足之处和新的问题，作为新的搜索目标和分析研究的对象，使其能针对需要不断调整、改进和完善。

（2）更加突出的是对抗性。竞争情报是企业或者机构在开展工作活动中，为了战胜对手，提高自己竞争能力而开展的对竞争对手、竞争环境的情报收集、分析，并做出相应对策的情报活动。

（3）更明确的目的性。竞争情报的调查研究内容、分析层次深度、涉及内容广度都超过了传统情报工作。竞争情报因有更明确的目的性，其内容还包括：该工艺技术及其实施现状和发展趋势；该工艺技术成熟程度和竞争能力评估；有关各方的相对技术实力和竞争优势；与该工艺技术有关的经济、社会和政治等影响因素及其变化；对"决策空间"分析，即对决策者所有的选择建议及其经济上和战略上的后果分析等。

### 2. 竞争情报的内容

竞争情报是关于竞争环境、竞争对手和竞争策略的信息的研究，因此竞争情报服务所包含的内容主要涉及竞争环境、竞争对手和竞争策略三部分。

（1）竞争环境。竞争环境的主要因素有：①政治环境。②法律环境。法律环境表现为企业在竞争中的有法可依程度。③经济环境。经济环境对企业的影响最大，直接关系到企业或机构的兴衰。④社会环境。社会环境反映人们观念的变化、价值取向的改变、潮流的形成等。

（2）竞争对手。对于企业来说，对企业对手的分析应以同行业中排名较前的和在同一市场中有代表性的，并与本企业条件相近的企业为对象进行长期、全面详细的分析研究，了解竞争对手的经济实力、生产能力、技术水平、产品销售渠道等。对于科研机构来说，对竞争对手的分析与评价的主要内容包括科研现状、科研能力、现行科研战略、未来目标、反应模式等，并与自身的情况进行对比，发现竞争对手的强势与弱点，提供预测、预报服务。

（3）竞争策略。企业或机构需要根据不同的竞争环境和竞争对手采取不同的竞争策略。

第一，基于对手的策略。采取基于对手的竞争策略：①认清对手的实力和能力以及是否有新的改变；②认清自己在人力资源、技术开发、服务方面与对手的差距。

第二，基于自身的策略。企业或机构以自身的实力为出发点，根据自身的人才、技术、管理、市场等情况决定自己应采取的策略。

第三，基于用户的策略。对于企业来说，企业所拥有的顾客量决定着企业的竞争实力。对于服务机构来说，满足用户的当前需要和将来期望是机构的主要目标。为此，企业或机构都需要在产品创新、优质服务、服务方式等方面采取不同的策略。

### 3. 竞争情报的工具

为了更好地开展竞争情报服务，在竞争情报活动过程中，可以利用一些搜索工具或者智能分析工具，自动地收集和分析信息，并不断积累形成竞争情报数据库，从而更好地支撑竞争情报活动，提高竞争情报的效率。

（1）定向跟踪与搜索工具。定向跟踪与搜索工具包括两方面的功能：①跟踪指定的网站、相关媒体的信息，只要相关机构网页有所更新或者媒体上出现有关机构的动态信息，系统立即报警；②采用主题搜索技术，在互联网上搜索相关机构信息，经分析过滤后存入数据库。

定向跟踪与搜索要实现的功能是：定期系统地搜索和发现机构、学术和科研信息，帮助人员及时了解相关领域的最新发展动向和学科发展热点，以形成有效的学科热点预测和学科研究报告作为重大决策的依据，帮助决策者准确、及时地把握发展的最新资讯。

（2）竞争情报的智能分析工具。竞争情报智能分析工具主要包括两方面功能：

第一，基于文献计量学的情报分析。采用文献计量学方法，运用数学和统计学工具对文献内容、引文进行分析，对专利情报进行分析，挖掘竞争对手的潜在信息与动向。分析策略采用自动化工具与人工相结合的方式，建设工作需要建立相关数学模型，引入、开发统计分析工具，制定分析评价内容、策略、方法和协调管理机制。

第二，基于关联挖掘的情报分析。竞争情报数据库采用一定的知识组织体系实现对情报信息间部分关系的揭示，在此基础上，通过建立机构本体以及相关主题本体，借助数据挖掘技术，可以发现新的、潜在的关联信息。

### 4. 竞争情报管理软件的功能

竞争情报管理软件系统是以集成和整合企业内外的情报为基础，以情报分析和管理为核心，以情报服务为目标的专业性垂直信息系统。竞争情报可分为五个阶段：

（1）情报计划的确定。确定情报计划是竞争情报工作的第一个环节，也是至关重要的工作，主要是明确竞争情报的任务，并对其进行描述和分解。在这个阶段竞争情报管理软件系统应具有如下功能：提供关键情报的描述框架，包括对关键情报任务和关键情报问题的描述；可以接收公司员工和其他来源的竞争情报需求；管理竞争情报工作进程和项目流程，允许竞争情报团队成员之间以及与其他人员的协调和合作。

（2）公开信息收集。公开信息收集是开展竞争情报分析的基础资源，资源的全面性和准确性直接关系着最终情报分析成果和产品的质量。随着人们对网络资源的广泛使用，竞争情报管理软件系统中也增加了对网络信息资源的搜索和抓取功能。在这个阶段竞争情报管理软件系统应有如下功能：可以检索和获取基于网页的信息资源；实时监控和跟踪网站的动态变化；可以跨多个信息仓库进行内部资源检索；基于用户定义的规则和标准进行信息自动过滤，如针对竞争对手、信息来源、地域、日期、产品、行业等；基于用户预先定义的标准进行自动分类；可以自动或手动地将收集到的文档进行编目、标识和归档。

（3）初始信息收集。初始信息收集也是开展竞争情报分析的重要资源，竞争情报管理软件不仅可以接收电子版文本信息，还可以支持呼叫中心的语音信息等。在这个阶段竞争情报管理软件应具有如下功能：可以接收公司互联网中其他应用系统的信息；可以方便与增加公司内部员工的交流方式；可以对新闻讨论组以及其他外部的论坛等进行信息检索和定位，可以定位并获取诸如客户反馈意见之类的特定信息；在竞争情报管理软件的用户界面上可以输入采访、现场报告和其他原始的数字、文件等材料。

（4）情报加工分析。在这个阶段，主要是对收集和获取来的各种信息进行加工处理和分析，将不同来源、不同格式的信息转换成有价值的竞争情报，竞争情报管理软件系统应具有如下功能：可以根据用户自定义的规则进行信息排序；可以以可视化的方式显示信息；提供多种显示模式；可以反映人物、地点、时间之间的关系和其他的隐性关联；按照用户的预定义利用文本挖掘技术进行文本定位和抽取。

（5）情报成果与产品的生成与发布。在这个阶段，主要将竞争情报成果及时地推送或发送给竞争情报人员及决策者，竞争情报管理软件系统应具有如下功能：提供标准的和可订制的报告模板；可以将报告链接、多媒体格式、数据库等格式输出，或者导入到其他系统中；报告可以下载存放在硬盘上，也可以以 E-mail 的方式传送，或者通过公司内部网或无线设备等发送。

## 二、信息检索服务

信息检索是指将信息按一定方式组织和存储起来，并针对用户的需求找出所需要信息的过程和技术。对于信息用户来说，信息检索仅指过程的后一部分，即信息的查找过程。信息检索的目的是为解决特定的信息需求和满足信息用户的需要。它根据检索（查找）对象的不同，又可以分为文献检索、事实检索和数据检索。信息检索通常指文本信息检索，包括信息的存储、组织、表现、查询、存取等各个方面。其核心为文本信息的索引和检索。

## （一）信息检索技术的优势

### 1. 知识挖掘

目前主要指文本挖掘技术的发展，目的是帮助人们更好地发现、组织、表示信息、提取知识，满足信息检索的高层次需要。知识挖掘包括摘要、分类（聚类）和相似性检索等方面。

（1）摘要。自动摘要就是利用计算机自动地从原始文摘提取文摘。在信息检索中，自动摘要有助于用户快速评价检索结果的相关程度。在信息服务中，自动摘要有助于多种形式的内容分发。

（2）分类（聚类）。自动分类可基于统计或规划，经过机器辨认形成预定义分类树，再根据文档的内容特征将其归类；自动聚类是根据文档内容的相关程度进行分组合并。自动分类（聚类）在信息组织、导航方面非常有用。

（3）相似性检索。相似性检索技术基于文档内容特征检索与其相似或相关的文档，是实现用户个性化相关反馈的基础，也可用于去重分析。

### 2. 智能检索与知识检索

智能检索利用分词词典、同义词典、同音词典改善检索效果；进一步还可在知识层或者概念层面上辅助查询，通过主题词典、上下位词典、相关同级词典，形成一个知识体或概念网络，给予用户智能知识提示，最终帮助用户获得最佳的检索效果。智能检索还包括歧义信息和检索处理，将通过歧义知识描述库、全文索引、用户检索上下文分析和用户相关性反馈等技术结合处理，从而高效、准确地反馈给用户最需要的信息。

### 3. 异构信息整合检索和全息检索

在信息检索分布化和网络化的趋势下，信息检索系统的开放性和集成性越来越高。需要能够检索和整合不同来源和结构的信息。这是异构信息检索技术发展的基点；支持多语种信息检索、半结构化数据和非结构化数据的统一处理；数据库检索的无缝集成以及其他开放检索接口的集成等。

"全息检索"的概念就是支持一切格式和方式的检索，从目前实践来讲，发展到异构信息整合检索的层面，基于自然语言理解的人机交互以及多媒体信息检索整合等方面尚有待进一步突破。

## （二）信息检索服务的类型划分

信息检索广泛应用在经济社会各领域，对提高管理和服务效率起着重要的作用，而图书馆信息检索服务注重的是在用户的信息需求与丰富的信息资源之间建立一种有机联系。用户信息需求可以划分为表达需求、认识需求、潜在需求三个层次，"以用户为中心"的信息检索服务类型也可相应地划分为三种。

### 1. 按照用户表达出的需求进行划分

按照用户表达出的需求进行划分，主要是满足用户特定的信息需求，图书馆可以通过文献检索服务、定题检索服务、个性化信息检索订制服务等方式为用户服务。

（1）文献检索服务。文献检索服务是根据用户明确提出的查新需求进行的服务。查新服务是满足用户对课题先进性的要求进行检索，这是一种特定性的服务，需要了解用户的课题性质和课题所涉及的信息资源进行全面检索，对用户课题的先进与否做出鉴定。

（2）定题检索服务。定题检索服务是指根据用户的特定需要，对用户提出的检索课题进行系统的信息检索。

（3）个性化信息检索订制服务。个性化信息检索订制服务是利用已有的技术为用户进行极具个性化的服务。

### 2. 按照用户认识到的需求进行划分

图书馆可按照常见的用户信息需求、本馆信息资源建设情况以及专业领域的研究方向，有计划、有目的地实施一批这样的服务栏目，如浏览检索服务、信息导航服务、学科信息门户等，满足用户一般的信息需求，并帮助他们进一步查找所需信息，进一步明确自己真实的信息需求。

### 3. 按照用户的潜在需求进行划分

用户的潜在信息需求如巨大的冰山，工作人员所能触及的只是冰山一角，潜在需求中的一部分被工作人员所认识，并以各种信息检索服务表现出来，那些仍未认识到的需求可通过知识服务被挖掘，但由于知识服务涉及有关知识发现等技术，知识服务的实践还有待进一步研究、提高。

## （三）信息检索服务的方法

针对用户的不同层次的信息需求，采用如下不同的服务方法：

1. 文献检索

文献是用文字、图形、符号、声频、视频等技术手段记录人类知识的一种载体。文献不仅包括各种图书和期刊，还包括会议文献、科技报告、期刊文献、学位论文、科技档案等各种类型出版物，甚至包括用声音、图像以及其他手段记录知识的全部出版物。文献检索是以文献为检索对象，从已存储的文献库中找出特定文献的过程。

（1）文献检索服务的含义。文献检索服务是根据读者研究课题的实际需要，按照一定的标识系统与途径，从大量的书目、索引、题目、文摘等二次文献中，查找出与课题有关或有用文献的一种服务方法。检索服务的实质，是文献资料查找活动，它是科学研究活动的前期劳动。开展检索服务可以节省读者检索文献的时间和精力，开阔读者的知识视野，使科研人员在短时期内便能获得所需要的国内外文献资料。所以，它对科学研究活动有着十分重要的意义。

（2）文献检索的程序。文献检索的程序，就是根据既定的课题，利用适宜的文献检索工具，通过不同的检索途径，按照一定的方法把合乎需要的文献挑选出来的过程，其程序如下：

第一，分析研究课题。包括：①分析课题内容，确定查找需要的学科分类或主题概念。②认真分析确定所需要查找的文献类型。由于文献类型繁多，查找不同类型的文献资料，可能得到完全不同的检索效果。③分析查找年代。要根据课题的时代背景确定合适的查找年限，以提高检索效率。④分析利用已知的文献线索，以便迅速准确地查找所需的未知文献。分析研究课题是查找文献的第一步，也是关键的一步。

第二，选择检索方法。文献检索方法，一般有以下三种：

追溯法：这是指利用文章或专著后面所附的参考文献目录，追踪查找文献资源的方法，它不必利用检索工具，只要能掌握少数重要的文献著述，然后从一种文后引文到另一种文后引文跟踪追溯查找，就能获得一些所需的重要文献资料。这种方法主要缺点是所得的文献资料不够全面。所以，我们要特别注意利用最新的述评与专著，因为述评与专著中所附参考文献一般是多而全、准而精，等于是一个小型专题文献索引，据此可以追溯，可大大提高追溯效果。

常用法：利用各种文献检索工具进行文献查找，是文献检索工作中经常使用的一种方法，因此称为常用法。此种方法完全依赖于完善的检索工具，并严格按照检索工具规定的程序、途径和标识检索文献，能增强检索的广度和深度，使文献查全率、查准率得到可靠的保证，常用法是重大课题研究获得文献所必须采用的方法，它一般分为：顺查法、倒查法、抽查法。

循环法：也叫分段法或交替法，是指追溯法和常用法交替进行，综合使用。在检索文献时，利用检索工具查找文献，又利用文后所附的参考文献追踪查找，两种方法分期分段交替使用。这种方法比较适应于年代期限不长的专题。它的优点在于：当检索工具不全或缺期的情况下，结合引文索引追查，也能获得读者所需年限的文献资料。

第三，选定检索工具。检索工具的种类很多。选择用何种检索工具，取决于用户对检索工具的熟悉程度。在选择检索工具时，还要考虑该工具质量如何。衡量检索工具的质量，一般须考虑以下几个因素：收录的文献面、报道的文献量、编制质量、传递速度及索引齐全等。

第四，确定检索途径。各种检索工具具有不同的检索途径，其中包括：

分类途径。按照文献内容所属学科的性质，从分类索引入手查找文献的途径，就是分类途径。常用的工具书有图书分类目录、文献资料分类索引等。

主题途径。根据文献主题内容，从主题入手查找文献的途径就是主题途径。利用主题索引，关键在于选准主题词。常用的工具书有主题索引、关键词索引等。

著者途径。根据文献著者索引入手查找文献的途径就是著者途径。著者索引在检索工具中是最常见，人们常常通过著者索引来集中查找某一学者或机构的主要文献。

号码途径。号码途径是根据已知文献本身的专用号码（如专利号、标准号、科技报告、合同号等）查找文献的途径。主要是利用"号码索引"进行检索，可以满足读者在课题中有关特种文献的具体需要。

其他途径。其他途径包括分子式索引、地名索引、动植物名称、药物名称索引等，这类索引专指性强，往往是某些专业性或特种文献的工具所特有的辅助性检索途径。

确定检索途径，就是在上述诸多检索途径中选择查找所需文献的最佳途径。一般来说，主题途径和分类途径是文献检索的主要途径。在已经掌握著者、号码、地名、书名、ISBN[①]等已知条件下，可利用相应的检索工具迅速查找所需文献。总之，在进行课题检索时，要善于根据已知条件，综合利用各种途径，才能得到满意的检索效果。

第五，进行文献检索。查找文献的内容范围要对口，文献的起讫年限要对口，文献类型和文种也要对口。对检索结果进行筛选，检索的资料要经过用户鉴定、筛选并及时编辑、整理，制成文摘，编印出专题索引，尽可能做到资料完整、内容新颖、对口实用。图书情报人员要同用户加强联系，共同研究、同步发展。

## 2. 科技查新检索服务

查新是指具有查新业务资质的查新机构，根据查新委托人提供的需要，查证其新颖性

---

① 国际标准书号，简称 ISBN，是专门为识别图书等文献而设计的国际编号。

的科学技术内容。查新是以通过检出文献的客观事实来对项目的新颖性做出结论。查新有较严格的年限、范围和程序规定，有查全、查准的严格要求，要求给出明确的结论。查新结论具有客观性和鉴证性，但不是全面的成果评审结论，这些都是单纯的文献检索所不具备的，也有别于专家评审。

科技查新服务（以下简称"查新"）是为了避免科研项目的重复研究，以及客观地判别科技成果的新颖性、先进性而开展的一项工作。根据有关规定，凡国家、省、部、市、地等各级科研项目的开题立项、成果鉴定、申报奖励、新产品开发以及专利申请等，均需要进行查新。查新针对某一特定课题进行，其结果是为被查课题出具一份"查新报告"。在整个科技查新过程中，查新检索是一个重要环节。

科技查新是文献检索和情报调研相结合的情报研究工作，它以文献为基础，以文献检索和情报调研为手段，以检出结果为依据，通过综合分析，对查新项目的新颖性进行情报审查，写出有依据、有分析、有对比、有结论的查新报告。

查新的对象主要包括：申报国家级或省（部）级科学技术奖励的人或机构；申报各级各类科技计划，各种基金项目、新产品开发计划的人或机构；各级成果的鉴定、验收、评估、转化；科研项目开题立项；技术引进；国家和地方有关规定要求查新的项目。

（1）科技查新性质。科技查新的性质表现在对新颖性的审查。科学技术是探索性和创新性工作，它的灵魂在于创新。科技查新要对课题或项目的实用性和先进性进行审查。特别对于工程技术、农业技术、大型设备的实用性和先进性，要进行认真分析和评价。在科技查新工作开展的初期，比较注意对项目新颖性的审查和评价，随着查新工作的深入，提出了对项目实用性和先进性的综合评价，或称"三性论证"，这是对查新工作提出的更高要求。

科技查新咨询不同于一般的咨询。一般咨询只提供有关的文献线索，不对课题进行分析、研究和对比。科技查新也不同于一般的文献检索。一般的文献检索只是根据课题查找一些光盘或数据库，帮助找到所需文献，不对课题做出评价。

科技查新是一项要求高、难度大及高层次的文献检索服务工作。

（2）科技查新的程序。科技查新工作的程序包括四个步骤：接受课题、文献检索、分析对比、撰写查新报告。

第一，接受课题。接受课题是查新工作的第一步，也是确保查新工作质量的基础。首先要求用户填写科技查新委托书，内容包括：查新目的、查询范围、查新课题的主要内容、关键技术、主要性能指标、主要用途、创新点等，以便做到心中有数，有的放矢。查新课题委托书的填写既要全面，又要简明扼要。专业性较强的查新课题，应有与该专业较接近的查新人员协助接待。接受课题后，应对课题进行分析、理解。分析课题是查新人员判断课题的研究目的与研究内容，找出该课题的新思想、新见解、新方法所在之处，以确定查新重点，为新颖性审查的具体对象进行分析。

第二，文献检索。进行文献检索前，首先要确定该查新课题所应使用的关键词、主题词和分类号，并根据查新重点确定检索服务，然后进行检索。查全率是文献检索的核心，因为新颖性的审查就是要回答国内外有没有与该课题相同或类似的文献报告。

第三，分析对比。分析对比是指从检索命中的文献中，选择最重要的相关文献，与该课题提出的新思想、新见解、新认识进行异同比较，主要的相关文献较多时，可将文献分成几类，分类论述。也可进行综合分析，分析对比文献时，要针对课题的主要技术内容、技术特点、技术指标进行分析，以审查该课题是否有实质性的创新，研究的深度、广度如何，主要技术指标处于什么水平，通过相关的文献对比，查新结论就比较明确了。

第四，撰写查新报告。查新报告是查新工作的最终体现。查新报告由下列几部分组成：封面，项目主要内容说明和查新要求，国内外文献检索范围、时限和情况，检索结果说明和查新结论。

文献检索情况应包括：检索词、分类号、检索刊物和数据库名称以及查到的文献情况等。最好用表格形式体现出来。

### 3. 浏览式检索服务

浏览式检索服务是图书馆顺应信息技术的发展和用户检索习惯的改变而进行的检索界面的改造，主要用于图书馆联机公共目录查询系统中。浏览式检索服务是符合人类思考习惯的一种检索方式，人们根据自己的阅读爱好和兴趣选择文献，在阅读浏览的过程中发现问题或对所感兴趣的问题有大致的了解。

（1）浏览式检索服务较多应用在书目检索、数据库检索和主题检索中。

第一，书目检索。书目检索中的分类途径是浏览式检索常用的。按照索书号，读者可以在索书号前后位置浏览，以便了解某类的有关文献。此外，书名、著者、ISBN 也可用于浏览式检索。

第二，数据库检索。数据库检索中刊名的检索应用浏览式较多，对一期刊物的内容按实际出版情况展现给用户，方便用户对此刊内容阅览。如万方数据库资源检索系统的数字化期刊检索中，可以将某刊中的某一期原有内容提供给用户，方便用户对此刊特色、文献内容的了解。

第三，主题检索。主题检索中主要是将主题提供给用户，方便用户选择。

总之，浏览式信息检索服务的定义可以归纳为：根据用户的思维方式和阅读习惯，浏览式检索将某专题、某主题词或某一载体的文献，立体地呈现给用户，帮助用户理解此主题或专题的含义或相关的信息、资料。

（2）浏览式检索服务由于将信息技术与用户的检索习惯结合起来，它具有以下特点：①为用户集中相关的文献、信息。浏览式检索实际是将相关的文献、信息集中起来为用户服务，是一个相关的文献信息集合。②帮助用户确定所需要的文献和信息。用户在检索时，很多时候对自己的需求并不是非常明确，在浏览的过程中通过了解相关的信息与资料，可能会确定自己的需求。③符合用户思考时的规律。浏览式信息检索延伸了用户思维的时间和空间范围，立体地架构了用户思维时的信息空间。

### 4. 跨库检索服务

为了通过网络为用户提供信息服务，实现更高层次的信息描述，需要跨领域、跨数据库把用户所关心的相关主题信息集中地检索和显示出来，跨库检索服务应运而生。

跨库检索，也称多数据库检索或集成检索，是以多个分布式异构数据源为对象的检索系统。这种系统向用户提供统一的检索接口，能够把用户的检索要求转化为不同数据源的检索表达式，并发地检索本地和广域网上的多个分布式异构数据源，并对检索结果加以整合，在去除重复和重新排序之后，以统一的格式将信息呈现给用户。

跨库检索的这种基本原理，决定了它有以下优点：①提供统一的检索接口，能够减轻用户要熟悉不同数据库检索方法的负担；②并发检索能够节省用户查找资料的时间；③检索结果整合，呈现给用户的最终结果不仅格式统一，而且按统一标准排序，大大方便了用户的浏览和选择；④有些跨库检索系统还能够将检索结果直接链接到图书馆拥有的全文文献，实现了文献信息即索即得。

### 5. 个性化信息检索订制服务

个性化信息服务是随着网络的广泛应用逐步发展起来的。个性化信息服务就是用户可按照自己的目的和需求，在某一特定网上功能和服务方式中，自己设定网上信息的来源方向、表现形式、特定网上功能及其他网上服务方式等，以达到最为方便快捷地获取自己所需的网上信息服务内容和目的。

个性化信息服务是图书馆一个明显的发展趋势，个性化信息服务是一个宽泛的概念，个性化信息检索订制服务仅是其中的一部分。个性化信息检索订制服务是指用户根据自己的目的与信息需求，在图书馆提供的检索服务中，将自己与检索有关的活动记录下来，可建立自己的个性化界面，根据个人需要选择浏览期刊和相关主题，也可长时间保留和调用自己的检索策略，从而满足自己的检索需求。

（1）订制信息服务所需的技术已经成熟，如：①Wed数据库技术，完成用户登录、身份认证、数据匹配等；②网页动态生成技术，包括Asp、ISAU、CGT等技术，完成用户的个人检索界面的制作；③数据推送技术，利用推送（PUSH）技术，完成信息的定向传送；④过程跟踪技术，跟踪用户的检索兴趣，以便提供个性化的帮助；⑤安全身份认证技术、数据加密技术，保护用户的隐私、保证系统的安全等；⑥信息挖掘与智能代理技术，由知识库、规则库、推理机、各代理间的通信协议等组成的智能代理技术，可有效地跟踪用户的需求所在，满足个性化的需要。

（2）个性化信息检索订制的内容：①个性检索模板订制。根据用户专业领域、检索目的、检索的深度需求、时间需求、语言需求、数量需求等限制，进行个性检索模板订制。②检索工具订制。可订制检索的数据库、搜索引擎等。③检索表达式订制。根据需要可订制检索表达式，提高检索效率。④个人词表订制。由于个人所处的专业领域与兴趣相对固定，他们所用的关键词相对有限。个人词表的订制可以帮助用户选词、确定检索范围。⑤结果处理订制。根据个人的具体需求，可以对检索结果进行订制。⑥检索历史分析订制。从用户的检索历史分析，可确定用户的需求所在。⑦检索界面订制。可拥有自己的检索界面，方便，不受干扰。⑧个性化信息推送。对于需要的信息可定时地推送。

（3）信息订制服务的功能：①可根据个人需求选择浏览的期刊和相关主题；②可通过电子邮件获取网站提供的最新信息；③可拥有个性化的检索界面；④可长时间保留及调用自己的检索策略；⑤可随时修改个人信息或取消订制服务；⑥可及时了解专业发展动态；⑦可与信息出版商形成信息互动。

## 6. 知识检索

知识检索是应用先进的智能理论及其技术，对信息资源和用户提问进行一系列的语义解析，通过挖掘其深层含义，从而充分、精确地表达知识资源和用户需求，进而在各类异构的数据库、数据仓库、知识库中进行检索，并对检索到的信息进行智能化处理之后，返回最相关结果的检索机制。

知识检索是具有传统信息检索模式无法比拟的优势和功能的一种高级检索方法，代表着信息检索的未来发展方向，在对读者用户提供的自由词语义分析上，表现出十分强大的推理、诠释和学习能力，它通过突出的智能性功能优势的发挥，能根据用户对于数字出版物的题名、文摘、类号、主题词、目录、版权、页次、正文等任何信息项、知识点需求提问，自动、快速、聪慧地做出判断分析和数据提取，即以出色的自然语言理解能力，对读者用户提交关于数字出版物任何内容需求的任意自由词，皆能精准、敏捷地切合用户的需求意图，提供一种所谓傻瓜型的检索。因而，数字出版物运用知识检索机制，不仅能基本上满足读者对于数字产品和服务的多样化、个性化知识、信息内容需求，还能解决检索服务的一站式搜索机制难题，并以智能化、高级化的知识检索技术，提升人性化服务水平。

### 7. 信息门户服务

（1）学科信息门户。学科信息门户是指将特定学科领域的信息资源，工具和服务集成为整体，为用户提供方便的信息检索和服务入口。学科信息门户中的信息经过鉴定和选择，是用户获取有价值网络学科信息的重要入口点，是图书馆界借用商业信息门户概念和技术，并结合文献信息处理的传统经验，解决通用信息门户难以适应网络学科信息组织和利用问题的结果。

学科信息门户按照某学科（专题）用户的要求对网络中相关的信息资源通过人工选择和标引数据，存储的信息通常少而精，保证了信息的质量，使分类浏览的结构更为方便。在给用户"指路"的同时提供更专门、更精深的信息检索服务，有助于专业用户在本领域的"信息超市"中选择高质量的资源和获得"一站式检索"，从而保证用户获得"所得即所要"的信息。其特点有以下几点：

第一，学科领域的清晰表达，定义了学科信息门户应该包含哪些内容。这些内容有关学科领域的相关文章，或者是相关站点和文档的链接。用户可以方便地查阅这些信息和其他相关内容，其本身并没有学科领域深层的内容。

第二，在选择存储信息方面，定义明确的质量评价体系。所有的门户都有一些明确保证信息质量的指标，它们决定了哪些信息需要收录、哪些信息会被舍弃。这些指标从细节方面正式和客观的，到大纲方面非正式和主观的变化显著。当今建立一个普遍接受的指标体系的趋势愈来愈明显，而且有些已经被学科信息门户确立为事实的标准。

第三，智能的产生包括注解和评价在内的内容描述信息。描述信息在不同的门户之间具有不同的形式，可以是相当简短的注解，还可以是广博的摘要。这些门户总是很小心地避免使用由搜索引擎自动产生的文件摘要。

第四，提供先进的检索工具，既支持传统的基于数据库的字段检索、截断检索等，还支持在主题词表、后控词表支持下的智能检索。国内已经开始意识到学科信息门户在提供资源和服务方面的优越性，正在从以下几个方面加强建设：①制定严格的资源选择标准。只有对资源进行严格的选择，并建立起完整的评价机制，才能保证所提供信息资源的高质量。②细化资源的分类体系，加强资源的元数据描述。资源的分类及元数据描述对学科信息门户至关重要，它决定了对信息的内容和位置的描述，从而为信息的存取与利用奠定了必要的基础，这样就有利于用户识别资源的价值，发现其真正需要的资源。③提供方便的信息检索服务。用户在使用中完全可以根据自己的需要和这些检索工具的特点来进行选择。

④开展更加精致、人性化、个性化的服务。信息门户必须针对用户的具体需要，在确保所提供信息高质量的同时，利用网络新技术，跟踪用户需求，为用户提供主动的个性化订制服务。

（2）信息门户服务。信息门户服务是图书馆利用网络技术向用户提供某一学科领域各类网上资源和各种信息的服务。信息门户针对专业领域整合文献信息资源系统及其检索利用，提供权威、可靠的信息导航，简化门户某一学科及其相关信息的信息查询过程，增加检索结果的有效性，为用户提供经过筛选的各种类型高质量信息资源，实现面向用户的一站式服务。

### 8. 网络信息导航

（1）网络信息导航的概念、特点。建立网络信息导航的目的就在于为用户提供特定学科范围或某一主题的网上信息资源的集合，便于用户获取信息，减少他们查找信息的时间，使他们能够更加快捷方便地进行信息交流和科学交流。

图书馆网络信息导航是指在图书馆主页上介绍、分析、评价各种网络信息资源，指导用户有效地利用网络信息资源。网络信息导航是图书馆根据本馆用户的特点，有针对性地收集、整理网上信息，并经过图书馆员的筛选与鉴别。

网络信息导航通常是一个综合的系统，如高校图书馆根据用户状况和馆藏建立的学术信息导航，包括机构、学会、协会、专家学者、学术期刊、电子期刊等栏目，满足教师、学生等用户的学术信息方面的需求。

网络信息世界是一个多变的世界，信息导航应不断地维护、调整更新内容，适应用户的需要。

（2）网络信息导航的内容及获取。网络信息导航中信息获取途径一般可分为手工检索与计算机检索两种。网络信息导航的内容须根据图书馆用户的实际需求来充实。

网络电子期刊是 20 世纪 80 年代后期随着学术网络与网的建立而出现的通过网络传播的出版物，可分为电子学报、电子快讯、网络电子期刊等类型，大多提供检索手段，现已积累到一定的数量，可成为专业人员进行研究的重要信息源。

学术会议是专业人员互相交流，获取最新研究成果，了解专业最新发展趋势的场所。网络上的学术会议大多是在线会议和学术会议通告。在线会议有时间的限制，但无地点的限制，专业人员可以在规定的时间内参加会议，随时发表自己的见解。学术会议的通告内容有关于会议的时间、地点、主题、议程、注册等，另外在会议进行时有会议通报、会议论文等内容，这些都是重要的学术信息源。

某一专业领域著名的专家学者是专业人员查找信息的重要入口，可以将他们的主页收集起来提供给用户。

学术论坛、聊天室、专业新闻组，相当于传统科学交流中学者之间的对话与讨论，是专业人员抒发思想、灵感等的重要场所。对于此类信息的收集，可以帮助用户了解专业的一些最新发展或动态，用户之间彼此启发思维，使最新的学术信息得以传播。

相关资料，如光盘数据库、网络数据库、统计资料等，对专业人员能够提供强有力的信息支持，对它们的收集可使专业人员有根有据地阐述自己的思想。

搜索引擎，是获取网络信息的主要来源，特别是那些数据量大、内容丰富的综合搜索引擎，是建立学术导航系统中需要着重利用的。

专业期刊，是学术信息的重要来源，目前专业杂志的网络版出现很多，书本式的杂志上都有其网址介绍，这些可以作为搜集的重要内容。

组织机构，包括学会、协会、高等学校、研究机构、管理机构等，是专业信息的集散地，对这些信息的收集是学术导航工作的重要内容。其中学会、协会在米哈依洛夫科学交流理论中被形象地称为"看不见的学院"。

通常情况下，网络信息导航是图书馆主页部分之一，但规模大小不一。

（3）网络信息导航的主要方式。

第一，网络资源导航。①运用图书馆学、目录学、索引学、文摘学等先进、成熟的信息处理加工技术，对互联网上有价值的资源按主题进行开发归类，将相关知识信息进行筛选、保存、有效的组织，使之优化，形成满足社会需要的知识集合和体现知识之间相互关联的知识网络，并建立本馆的网络信息资源目录，为读者提供集成化专业信息检索界面，以方便读者检索。②信息链接是信息导航最基本的方式。开发网上联机检索系统和专题信息服务系统，把各种数据库的网址和有特色、有价值的网站以及各种中文搜索引擎和具有导航功能的站点汇集起来，并分别进行简要描述，揭示内容特色，供读者选择使用。有条件的应将这些实用网站在本馆网站上做链接，以方便读者使用。③为实现资源共享而与国内其他图书馆及国际知名图书馆网址进行链接。④开发利用网上免费数据库，并及时推荐给读者。网上有许多文献信息可免费查询，这些信息以网站所提供的文献最新目录为主，也有提供全文服务。如网上有许多全文期刊，是由出版社、大学、图书馆和科研机构提供的。分布于各个网站上的这些全文期刊，其中一部分是免费的，可供所用网络用户使用。网上还有一些权威部门及政府网站建立的专题数据库、统计数据库等，均可免费查询。

第二，主题资源导航。主题资源导航是指按照主题或者专题的形式来组织资源，为用户提供资源的一种信息服务形式。利用主题资源导航，根据用户特定的信息需求，可以以主题树的形式对信息资源进行搜索、组织和整理，提供相应的信息产品与服务。

数字资源的主题导航系统通常建立在专题数据库的基础上，把数字资源体系中与某一或某些相关的节点（网址）进行集中、分类、整理，按照方便用户检索的原则，采用用户熟悉的语言以主题树的形式组织起来，从逻辑上将国内外有关的信息资源联系起来，向用户提供这些资源分布情况，并且通过各种导航手段，为用户方便地定位、迅速获取所需信息资源提供引导，指引用户到特定的地址获取信息。主题导航系统中的信息资源主要采用主题树浏览方式进行组织，需要对信息进行标引、分类、设计主题树的结构等，将信息资源的索引按照主题分级加以组织，用户可以通过逐级浏览的方式，找到所需的信息线索。

第三，现实馆藏导航。在网上建立网页网站，制作自己的馆藏页，揭示本馆馆藏及查询途径、方法等。①组织馆藏书目信息上网。②介绍特色馆藏文献，并编制文摘、索引等，指引读者选用。③开发、利用馆藏资源，建立各种实用数据库、专题数据库，特别是地方性特色数据库，并提供上网服务。公共图书馆大都有自己的馆藏特色，在某些学科领域或某专题方面具有系统、完整的收藏。要有针对性、有重点地将本馆最有利用价值、最有特色的馆藏逐步转化为数字化资源，建立具有本馆馆藏特色的数据库，如馆藏图书、报刊资源的书目数据库，部分图书馆的全文数据库、多媒体数据库等。④馆藏电子文献的导航，如电子期刊、电子图书、电子报纸等，指出光盘文献的类目、内容简要、检索途径、检索方法等。⑤新进书刊的报道。

第四，出版信息导航。图书馆作为知识、信息的集合体，应当宣传出版信息、组织出版社或书店目录上网。互联网上包含着大量的新书/刊、媒体出版发行和订购信息，开发、传递这些信息有助于读者了解书/刊、媒体出版发行动态，及时订购所需书刊。

（4）信息导航系统评价。对于一个信息导航系统来说，是否为用户所接受，是否真正成为用户发现知识的利器，以下几方面可以作为评价参考：①用户界面是否友好；②信息组织是否合理；③数据来源是否全面；④数据的可靠性如何；⑤导航目标是否明确；⑥导航系统维护如何；⑦链接成功率如何等。此外，还可以通过用户反馈和点击统计软件等途径不断完善信息导航系统，使数字图书馆真正成为用户与信息的桥梁。

（5）信息导航系统发展趋势。对未来数字图书馆信息导航系统的展望，研究者们认为在以下几方面将有进一步突破。①对网络信息的组织采取更先进的技术手段。利用和开发网上自动分类标引、自动文摘技术，拷贝各种网站有关资源和内容，尤其是大型或专业门户导航网站相应学科分类目录下的站点条目的内容，然后组织建立索引文档，形成数据库，并有相应的搜索引擎对索引数据库进行检索。②数字图书馆信息检索技术不断向智能方向发展。检索功能强大，具有全方位检索手段，提高检索的准确性和缩短响应的时间；支持多语种，检索界面友好，检索结果格式清晰，网页链接可靠。③网上自动跟踪和自动漫游技术将逐步完善。利用和开发网络搜索软件自动搜索指定网页站点的网页和多媒体数据，可以从主页和任一页面开始搜索所有网页。④利用和开发定量分析软件，自动跟踪、统计用户访问的数字图书馆站点情况。统计各站点被下载次数，自动确认用户常用的数字图书馆和用户经常访问的信息，然后在重点信息中心导航库中作为推荐站点并生成相关信息。

### 9. 联机检索

联机检索是读者使用微机或终端设备，按规定的指令输入检索词或有关的检索参量，通过国内外通信网络查询远程的数据库信息源。一般来说，联机系统由三部分组成：主机系统、通信系统和终端设备。查询国外图书馆和信息机构的数据库系统通常称为国际联机检索，而查询国内图书馆和信息机构的数据库系统通常称为国内联机检索。

（1）联机检索的特点。联机检索有两种方式：一是用户在检索中心所在地，通过终端当场检索数据库；二是用户远离检索中心，通过用户终端和远程通信线路与检索中心连接，向中心提问并取得检索结果。联机检索系统一般为大型的数据库，它主要有以下特点：

第一，内容广泛。联机系统中信息资源丰富，各种数据库涉及学科范围广泛。涉及学科范围包括综合性科学、自然科学、应用科学和工艺学、社会科学和人文科学、时事报道和商业经济等。其数据来源于各种不同的图书、报纸、杂志期刊、技术报告、会议论文、专著、专利、标准、报表、目录、手册等载体上的信息。

第二，报道及时。联机检索系统能及时更新数据库中的信息。

第三，查找迅速。由于联机的主机运算速度很快，在含有数百万条的数据库中，一条指令几秒钟就可得到响应，检索一个课题一般只需要几分钟至几十分钟。

第四，检索方便。联机检索系统一般都提供多途径检索入口。对篇名、文摘字段乃至全文提供关键词检索是最简单实用的检索方式。此外还提供多样化检索界面，有命令式检索、菜单式检索、混合式检索，用户只须掌握任一检索方法，就可自由获得资源。

第五，实时性。用户能将个人的提问与系统所储存的信息进行实时的检索，并可立刻看到检索结果，随时修改提问，直到满意为止。

第六，完整性。用户不仅能检索到文献的摘要，还可以检索到文献的全文。

第七，共享性。不仅可以检索到本地的数据库，而且可以与外地，乃至国际联机网络互通有无，实现信息资源共享。

第八，广泛性。由于现代通信网络的发展，用户不再限于系统操作人员，每一个社会成员都可以根据个人的需要直接进行联机操作。

（2）联机检索系统的服务方式。联机检索系统根据不同的用户需求提供多种信息服务功能，计算机信息检索系统按其服务功能可划分为回溯检索、定题检索、随机问答和联机订购等四种服务方式。

第一，回溯检索。回溯检索主要是指追溯查找过去的信息，帮助用户查找过去几年甚至几十年的文献，使用户一次检索就可以全面了解某一课题在某一段时间中的发展情况。比较适合申请专利的新颖性检索、科研课题的立项或鉴定时的查新、撰写综合性论文以及编写教材时信息的收集等。

第二，定题检索。定题检索是用户根据检索课题的内容，一次性输入事先确定好的检索提问式保存在检索系统中，检索系统根据数据库更新周期，定期地对保存的检索提问式进行检索，将检索出的最新文献信息提供给用户。定题检索服务的特点是定期性、新颖性和批处理式。即每隔一定时间就某个主题在检索系统中检索一次，检索的都是近期的新数据，成批处理检索提问。

第三，随机问答。用户直接利用终端检索，检索系统及时提供用户所需的文献信息。

第四，联机订购。用户通过联机检索得到的结果有全文文献，也有二次文献（题录和文摘等），如果检索结果未能提供全文，可以通过终端联机向图书馆或者出版商订购原始文献的复印件或电子版原文。

（3）国内主要联机检索系统。随着互联网的快速发展与普及，用户可免费从网上获取的资源不断丰富，但从检索资源的系统性、完整性、准确性而言，还不能与大的商业性和图书馆联机检索系统相匹敌，目前国内主要联机检索系统有中国科技信息研究所的万方数据库检索系统、北京文献服务处信息检索系统、化学联机信息中心等。

第一，万方数据检索系统。万方数据检索系统，是国内权威的科技与企业综合性联机服务系统，该系统收集了报纸、期刊、图书、研究报告、特种文献、统计资料、政府出版物及数据库等多种载体，涉及科研院所、高等院校、政府机构、社团、企业的多元信息，组织成70多个专题的二次文献和全文数据库。

万方数据检索系统提供单数据库检索和跨数据库检索，网络远程服务和本地镜像服务等多种方式，并且与科技部建立的"国家科技图书文献中心"门户网站建立了紧密联盟。

第二，北京文献服务处信息检索系统。北京文献服务处信息检索系统由北京文献服务处（BDS）开发，以联机检索信息服务为主，同时进行信息技术应用研究开发。是集数据建库、词表管理、客户端检索、用户权限和记账管理等功能于一体的实用化全文信息检索系统。

北京文献服务处信息检索系统的主要特点是：①运行于多种操作平台。②使用WWW

接口的功能实现网页服务器与全文信息检索服务器的链接，为用户在网上提供浏览与检索结合的全文信息服务手段。③针对中文语言特点开发的中文处理技术——汉语自动分词和单汉字索引相结合的全文索引与检索技术，极大地缩小了索引空间开销，提高了信息的查全、查准率。④海量数据的存储、管理技术和超大规模数据库的快速索引和检索技术，在数百万篇文献中查询全文信息可达到秒级响应时间。⑤应用多进程与多线索技术实现信息检索引擎的多任务机制，能同时响应多个用户的并发查询请求。⑥支持中英文混合检索，检索途径多样化：可用字、词、名字、日期、短语甚至句子、段落进行全文检索。实现前缀、后缀或中间字符的通配符检索。实现了中英文互译、同义词等多种扩检方式。还提供多种检索手段，包括外部特征与正文内容的各种逻辑组合检索、布尔运算、位置邻接运算，以及多步检索结果之间的历史组配等。

第三，化学联机信息中心。该联机检索系统在网上主要以化工信息网进行检索服务。化工信息网侧重于化工方面的信息报道，其中设有石化报道、化工市场、化工专题、化工科技等栏目，还提供许多免费信息，如化工黄页（提供诸如有关化工方面的政府社团机构、生产企业、贸易公司等详细的地址及联系方式）、化工商务（提供一些产品的展示信息、供求发布、会展消息、企业发布信息等）、化工资源（提供有关化工网站，如无机化工网、石化网、化肥网、国外化工资源等相关网站资源的链接）等。

## 10. 专利检索

专利文献蕴藏着丰富的技术信息、法律信息、经济信息和战略信息。它可以揭示世界技术的发展趋势和分布、反映竞争对手的技术和市场发展动态、揭示科技创新、市场发展的机会和风险、揭示技术引进、技术应用、技术转让的机会和风险。只要拥有一台可以上网的电脑，就可以随时自由地访问各国专利局的网站；同时由于各国专利局的网站基本都是政府资助，所以互联网上有大量的免费专利信息，甚至包括全部的专利说明书都是免费的，也就是说，通过互联网，科技人员可以足不出户，完全免费获取所需的专利信息。

第一，布尔逻辑检索。检索时，当碰到两个以上的概念时，就必须用上布尔逻辑运算。最常用的运算包括逻辑"与"、逻辑"或"和逻辑"非"。

第二，全文检索与字段检索。在网上进行全文检索实际上是指在网站的全部内容中进行查找，而不管该网站是否有真正意义的全文存在。实际上，很多网站会有"全文检索"的选项，实际上是指在"全部字段"中进行查找。

与"全文检索"相对的是针对某个特定字段进行"字段检索"。在网上检索专利时，无论是全文检索还是字段检索，每个检索框内既可以输入单个的关键词，也可以输入逻辑表达式。

第三，关键词检索与 IPC 检索。关键词就是输入检索框中的文字或字符，也就是想让系统寻找的东西。关键词检索是最通用的检索方法，但由于语言的千变万化（同义词、同根词、近义词、同概念词等），关键词检索经常会漏掉很多有关的文献。例如简单地用"计算机"作为关键词进行检索，只能检索得到出现了"计算机"这个关键词的文献；如果文献中不是使用"计算机"，而是采用"电脑"这个词，这样的文献在检索时会被漏掉，查不出来。

在检索专利文献时，为了提高查全率，建议采用 IPC 检索。IPC 是国际专利分类号（International Patent Classification）的缩写，是目前唯一国际通用的专利文献分类和检索工具，是检索各国专利共同的钥匙，全世界绝大多数国家都采用。国际专利分类法主要是对发明和实用新型专利文献（包括出版的发明专利申请书、发明证书说明书、实用新型说明书和实用证书说明书等）进行分类。对于外观设计专利文献来说，使用国际外观设计分类法进行分类。

第四，截词检索。截词检索，就是将通配符放在检索词中检索者认为合适的地方截断，用截断的词的一个局部进行检索，并认为凡满足这个词局部中的所有字符（串）的文献，都为命中文献。这样，检索者不必输入完整的检索词。截词方式有多种，按截断的字符数量分，有有限截断和无限截断；按截断的位置分，有后截断、前截断、中间截断。

## （四）信息检索服务的发展方向

信息检索服务是图书馆的基础工作。随着信息资源范围的扩大和加工处理水平的提高，检索服务向着方便读者利用和深层次服务的方向发展，读者并不需要很深的检索知识，他们只须在一个界面友好的网站上，按照检索系统所做的各种提示完成检索过程。而系统根据读者的检索习惯和思维方式设计多种检索途径和方法，通过链接将相关的信息和知识联系在一起，形成一个依托网站的知识结构，提高检索的效率和深度。

信息检索服务发展方向有：统一检索平台，采用信息检索分级制度，检索界面的集成与简化。

信息数据和存储方式各异，信息资源处于无序状态。统一检索平台将图书馆各种类型的信息资源及数据库中的各种异构数字资源进行整合，为读者提供一种更好的检索服务，从而提高资源的利用率。系统可检索的资源类型包括原文、图片、引文、文摘、馆藏、相关文献等。

采用信息检索分级制度，检索界面分为专业人员检索与新手检索。专家检索界面是供有经验的图书馆员及对检索熟悉的人员使用，目的是达到较高的检索效率，而新手界面主要是为那些对检索不熟悉的读者准备的，列出详细步骤，目的是提高用户的检索能力。

对检索界面的集成与简化，以及对各种数据库检索结果去重，是图书馆提高检索信息服务中的一个重要内容。

数字时代信息检索服务坚持以读者为中心的信息交流、知识摘取和知识应用，读者可以根据自己的需求选择，也可以根据自己的检索习惯与方法选择检索界面及检索式，设置检索限制、标识、扩展结果以及对主题词和作者的再检索等。读者在一个界面良好、人机交互的环境中完成查找信息的过程。

# 第四节　电子文献传递与自助服务

## 一、电子文献传递服务

电子文献传递是指以电子的方式请求文献和传递文献，同时包括整个文献传递过程中请求馆与提供馆之间以电子的方式沟通、应答。

### （一）电子文献传递服务的作用

#### 1. 有利于满足读者需求

开展电子文献传递服务，图书馆可以对其经费进行重新分配，通过降低购买传统图书馆文献的费用，而将一部分经费用于网络信息资源建设，把电子文献传递与馆藏建设有机结合起来，使图书馆更有效、经济地满足读者的需求。开展电子文献传递服务不仅没有使文献保障能力下降，反而使其有相当程度的提升。

电子文献服务通过各种网络数据库、电子邮件、电话、传真、传递软件等服务方式为读者提供周到、快捷的信息传递服务，读者不再受图书馆服务范围的限制，面向国内、国际文献情报机构。图书馆请求电子文献传递服务，拓宽了读者文献需求范围，可以收到良好的社会效益与经济效益。

#### 2. 有利于文献资源价值的更好发挥

文献的价值能够得到充分发挥与利用，首先我们要归功于收藏文献比较丰富的大型图书馆之间的共建共享，这种共建共享的最终目的就是使文献资源本身的价值得以充分发挥，最大限度地满足读者对文献的需求，通过文献传递服务能使本馆馆藏利用率和服务质量大大提高。

文献传递服务对图书馆是一件十分有意义的工作，一是节省了经费；二是丰富了馆藏；三是满足了广大读者的需求。而且通过对文献传递服务的各种数据进行统计和分析也可以找出文献服务机构在采访、加工及文献布局上的不足。将这些信息反馈给采访部门，也有利于其工作的开展，从而促进整个单位读者服务工作的开展。高效率的文献传递也可解除合作发展藏书中图书馆的后顾之忧，对一部分文献所有权的失去带来的更大范围使用权的获得。通过文献传递可以弥补本馆藏书与文献不足，降低拒借率，扩大文献的使用范围，实现资源共享，从而丰富了馆藏；同时可以消除重复浪费，促进采购分工协作，节省大量资金，合理布局文献资源。

### 3. 加快了图书馆间信息资源共享的步伐

信息资源共享是图书馆业务发展中必须经历的一个重要步骤，这一思想已经被国外的许多图书馆认可。文献传递服务却不受太多条件的限制，打破了图书馆之间的界限，只要文献收藏机构设有文献传递服务这项工作，各地的人们都可以求助它来帮助自己找到所需要的文献。

### 4. 有利于馆员的专业水平和思想水平的提高

现在的馆员都具备一定的学科背景，在工作过程中接触的学科范围是极其广泛而深入的。

在文献传递的过程中，馆员可以把自己积累的工作经验和其他馆员进行交流。①可以熟悉他馆好的经验，同时向他馆的馆员学习业务。②可以交流感情，相互认识、相互配合，这样更有利于工作的协作开展。

### 5. 有利于科研人员的相互交流

电子文献传递服务在快速传递国内、国外最新文献信息方面具有独特的优势，检索方便、传递快捷，大大便利了我国科研人员在国内、国际学术界之间的学术交流。电子文献传递服务灵活多样，既可以通过电子邮件传递国外发来的电子文档，也可以将本馆馆藏文献通过扫描再以电子邮件方式发给用户，还可以将文献原文通过传真方式传递到需要的读者手中。电子文献传递服务传递的是虚拟的"信息"而不是物质载体，不通过邮政渠道即为馆外读者服务，信息传递服务的效率和质量大大提高。

## （二）电子文献传递的方式

### 1.E-mail

目前，仍然有不少图书馆以电子邮件的方式发送请求，尤其是当文献请求馆不能方便地通过文献收藏馆的馆际互借自动化系统发送请求时。文献提供馆用扫描仪将文献内容转换成数字信号，以计算机文件的形式作为 E-mail 附件发送。

### 2.FTP

使用 FTP[①] 传输协议，文献提供者利用互联网将文献扫描后生成的文件上传到 FTP 服务器，接收者只要从提供者中获得 FTP 登录账号，即可从同一个 FTP 服务器上将文件下载到接收者本地计算机中。

### 3.从数据库服务器下载

将文献扫描后生成计算机文件或原本已经数字化的文献以数字的形式保存在数据库服务器上，用户订购后可以直接提供互联网下载。图书馆在收到文献提供馆以电子方式传递的文献后有三种方式送交用户：打印文件后送交用户，将文件直接通过 E-mail 附件转给用户或放在服务器上通知用户下载。

电子文献传递通过互联网实现，提供方和接收方都需要有与互联网连接的计算机，提供方还需要用扫描仪将印刷型的文献数字化，接受方需要用打印机打印文献，扫描软件、传输软件、阅读软件也是电子文献传递不可缺少的程序，一般文献提供方会利用压缩软件对文件进行压缩，以减少传送时间。

从数据库服务器下载的原文多为 PDF 格式的文件，可以用相应软件打开、阅读、打印。如果是其他特别的文件格式，将文件转给用户时，需要告诉用户使用的阅读软件。

## （三）CALIS 馆际互借与电子文献传递

CALIS[②] 馆际互借与电子文献传递系统是 CALIS 公共服务软件系统的重要组成部分。为了更好地在高校开展馆际互借与文献传递工作，更好地为读者提供文献传递服务，

---

[①] FTP 协议（File Transfer Protocol，文件传输协议），是一个用于在计算机网络上客户端和服务器之间进行文件传输的应用层协议。

[②] 中国高等教育文献保障系统（China Academic Library & Information System，简称 CALIS），是经国务院批准的我国高等教育公共服务体系之一。CALIS 的宗旨是，在教育部的领导下，把国家的投资、现代图书馆理念、先进的技术手段、高校丰富的文献资源和人力资源整合起来，建设以中国高等教育数字图书馆为核心的教育文献联合保障体系，实现信息资源共建、共知、共享，以发挥最大的社会效益和经济效益，为中国的高等教育服务。

CALIS 管理中心建立了"CALIS 馆际互借 / 文献传递服务网"（简称"CALIS 文献传递网"或"文献传递网"），作为 CALIS 面向全国读者提供馆际互借 / 文献传递服务的整体服务形式。

该文献传递网由众多成员馆组成，包括利用 CALIS 馆际互借与文献传递应用软件提供馆际互借与文献传递的图书馆（简称服务馆）和从服务馆获取馆际互借与文献传递服务的图书馆（简称用户馆）。

CALIS 馆际互借与文献传递应用软件包括三个部分：馆际互借管理系统（含用户服务网关）、馆际通信协议机和传送原文的文献传递系统。

第一，馆际互借管理系统（含用户服务网关）。供成员馆的馆际互借员使用，主要功能包括：管理本馆用户，处理用户申请，处理其他成员馆的文献传递请求，向其他成员馆提出文献传递请求，统计。

第二，馆际通信协议机。该协议用于所有采用 CALIS 馆际互借与文献传递应用软件的成员馆间的事务处理。主要特点包括：①自动异步处理馆际互借员发出的处理指令。即馆际互借员对文献传递请求的操作将作为处理指令进入一个指令队列，协议机自动扫描指令队列，并根据这些指令把相关的文献传递信息通过目的馆的协议机传送到目的馆的馆际互借管理系统中。②通信按照国际标准，执行馆际互借协议。

第三，文献传递系统。用于文献原文的扫描与馆际传递。CALIS 文献传递网为成员馆提供下列服务：①馆际借阅（返还式）。提供本馆收藏的中文书和部分外文书的馆际互借服务。②文献传递（非返还式）。提供本馆收藏的期刊论文、学位论文、会议论文、科技报告、专利文献、可利用的电子全文数据库等。③特种文献。古籍、缩微品、视听资料等文献是否提供服务，各服务馆根据各馆情况自行制定。④代查代索。接受用户馆委托请求，帮助查询国内外文献信息机构的文献和代为索取一次文献。

## （四）电子文献传递服务的发展趋势

互联网是信息与用户之间的良好沟通工具，是电子文献传递产生和发展的"催化剂"，因为文献传递的速度是文献传递服务质量的重要因素，利用电子邮件可以实现文献的传递，利用网络可传送扫描文件，替代邮寄复印件，利用网络平台，可以在一定范围内实现在线传递。

随着互联网的迅速发展和文献服务供应商的日益增多，文献传递服务的竞争已愈演愈烈，结算方法也多种多样，今后的发展趋势是电子货币的结算，即文献信息领域的电子商务化。电子商务能够将有价值的信息迅速传递给需要的用户，电子商务具有许多优点，如成本低廉，用户普及全世界，服务的针对性强。目前，世界各国的许多商业性文献传递服务机构已开始通过互联网进行文献传递服务的结算。

互联网出现后，许多联机数据库生产商和信息服务机构纷纷以互联网为信息传输通道，采用面向最终用户的检索界面。电子文献传递为资源共享注入新的活力，将馆藏文献通过网络跨地域向申请馆和用户数字化传递，这是传统馆际互借的发展与升华，是数字图书馆提供服务的方式之一，也是数字图书馆的最大优势所在。对以个人学习和科研为目的的申请用户，可界定为合理使用，以不赢利为目的，慎重控制好收费标准；而对于来自商业和产业的申请用户，就应按规定加收必要的版税给作品权利人以补偿。

## 二、自助服务

自助服务是按照某种程序，读者自动操作的服务。自助服务，采取"无为而治"的原则，可以最大限度地满足读者的需要。自助服务是图书馆提供借阅设备、提供文献资源、提供空间，读者自行寻找所需要的信息资源。现在的图书馆网络提供若干链接站点，读者自行选择站点，自行探索路径，自己动手，自己服务自己，自己满足自己。它改变了传统的所有服务工作皆由图书馆员包揽包办的做法，是一种将部分服务项目和任务转交由读者利用图书馆提供的设施、技术去自主完成，以实现信息需求自我满足的服务模式。而就目前而言，自助服务表现在以下方面：

### （一）自助借还

基于 RFID[①] 技术的自助借还系统节省了图书馆大量的人力支出。读者借阅时只要把身份证或借书卡插进读卡器里，再把要借的图书或音像资料在扫描器上放一下借阅过程就完成了，而且可实现批量处理，一次性可完成对多本图书的借阅。还书过程更为简单，读者只须把书投进还书口并进行确认，传送设备就自动把书送到书库。同样通过扫描装置，工作人员也能迅速知道书的类别和位置以进行分拣。自助借还系统的建立不仅使得借阅流程更加顺畅，也让读者更加享有知情权，有效地避免了假借他人账户盗取馆藏资源的事件发生。

---

① 无线射频识别即射频识别技术（Radio Frequency Identification，RFID），是自动识别技术的一种，通过无线射频方式进行非接触双向数据通信，利用无线射频方式对记录媒体（电子标签或射频卡）进行读写，从而达到识别目标和数据交换的目的。

### （二）自助打印、复印、扫描

提供资料的打印、复印以及文献的扫描存档是图书馆的常规服务内容之一。以往，这样的服务都是由专人进行管理、操作及收费的。通过对复印、打印、扫描设备增设自助功能单元，就可使其实现自助服务功能。

以自助打印中速成书机为例，速成书机（EBM）是 ODB（On Demand Books）公司专利产品。EBM 的出现使读者快速获取纸本电子图书的愿望得以实现，速成书机所印的图书不同于传统的纸质图书，它是电子图书的印刷版，这个过程我们称它为"数字资源的纸制化印刷"。无论是"资源内容数字化"还是"按需印刷个性化"过程，其目的都是利用先进技术更好地为读者服务，二者是相辅相成的。EBM 即时印刷、修剪、装订的特性，为读者提供有针对性的个性化服务。

#### 1.EBM 在图书馆的应用

（1）按需出版。EBM 为读者提供按需出版服务，其中包括教授、教师写的课件和个人出版诗集等，详细的流程如下：

第一，审稿：手稿评审。

第二，编辑：校对，审稿，内容编辑和 / 或重写等工作。

第三，录入：将作者手写原稿转达换为电子文档。

第四，扫描：将稿件文本扫描成电子文档以便印刷、打印。

第五，设计：封面、书脊的布局与设计。

第六，转换：将稿件文本格式转换成 EBM 所要求的 PDF 格式。

第七，印刷：将文稿印刷成平装书，封面为彩色的，里面为黑白的。

（2）按需印刷。按需印刷是典型意义上的数字印刷技术，采用高度自动化数字控制的现代化数字印刷技术，完全可控数据印刷的即时印刷方式。按需印刷为读者需求增添了一种全新的运作模式，通过采用现代化的数据处理技术、数字印刷系统和网络系统，突破传统模式的印数限制，重新组合出版流程中的编、印、发各个环节，适合短版图书和具有较强个性化特点的图书出版发行。

#### 2.EBM 在国内图书馆应用展望

（1）特色论文制作。与成本较高的传统胶印相比，EBM 能很好地满足学生个性化的需求。一方面，EBM 能按照读者所需印件的数量（即使只需一本）印刷，自由选择封面色彩、正文字体、字号大小等，而且即时生产，几乎不需要人工干预，几分钟之内就能完成从印刷到装订的全过程。另一方面，EBM 印刷通常为同样图书一半价格，具有明显的价格优势。

（2）教学资料订购。EBM 具有跟踪管理文件和版权保护的功能，现在的教学大多采用多媒体课件，这些课件可以方便在速成书机上打印和装订。而且 EBM 的超强客户管理软件可以有效跟踪学生订购情况，按需打印教学课件。

（3）电子图书印刷。图书馆是购买电子图书数据库的主要团体，目前国内多数图书馆都是从图书供应商和内容提供商那里购买或租赁电子书，使用范围限定为校园内 IP 段的网络。使用速成书机可以让图书馆改变以往电子图书数据库的采购策略。为获得这些电子图书的本地印刷权展开谈判，获得属地印刷权之后，通过 EBM 链接网络电子书目资源，读者可以方便地检索和选择自己所需的图书，满足阅读纸本书的习惯，而且可以永久拥有。

（4）绝版图书重印。图书馆作为文献信息资源的主要收藏单位，拥有许多机构无法比拟的纸本资源，而且许多资源都已经无版权限制，进入公共领域。通过安装 EBM，提供按需印刷服务，不失为图书馆保护和向公众提供珍贵或绝版图书的一种绝佳途径。

（5）政府文献共享。政府信息是人们考察社会，从事经济建设及科学研究等活动必不可少的国家资源，已成为全体社会成员的共同信息需求。政府信息没有版权争议，图书馆可以利用自己分类整理信息的长处，根据本馆读者特性，建立政府文献特色馆藏，将政府文献数据库与速成书机相连，既可以有效满足读者快速、方便地查阅政府信息，也可以满足读者在短时间内获得纸质资料的需求，真正实现政府文献共享。

（6）速印平装图书取代网上购书。网络购书提供了富有竞争力的服务，但从订购到书被送到手上还需要数天，质量也无法得到保证。EBM 将电子文本与 EBM 连接起来，读者可以在图书馆的 EBM 上查询并打印，只需几分钟时间，书籍就可以送到读者手上。

EBM 技术解决方案已经基本成熟，但是离形成一种大规模推广的商业操作模式还有一段距离。这主要涉及数字资源的规范化标识、网络配置、适用国内应用管理软件开发、知识产权等因素。图书馆需要与用户合作，与世界各地的文化机构合作，与出版社等其他机构建立伙伴关系，让 EBM 成为图书馆拓展服务的工具。

## 3.网络自助服务

读者通过校园网络或 VPN 远程接入可访问到图书馆资源门户网站，借助自助服务平台完成诸如信息查询、电子资源检索和下载、网上预约与续借、在线虚拟参考咨询等服务。

图书馆资源门户网站上的自助服务系统能为读者提供快捷、方便、安全的远程服务，读者可通过网络页面对图书、期刊、光盘、数据库、音像资料、馆内动态等进行检索查询，同时也可自主地搜索和下载以网络信息、光盘信息及文献信息为代表的电子资源服务。

读者可通过图书馆网上自助服务系统，查到读者借阅信息，咨询到读者所需的相关信息源，办理各种文献资料的预约与续借，通过电子邮件、在线信息发送或手机移动信息平台接受或查询预约通知、催还通知、新书预告等。

虚拟参考咨询服务是读者通过图书馆网页与图书馆咨询馆员进行双向交流，解决读者在馆藏服务与资源利用等方面遇到的问题，帮助读者更有效地使用图书馆。其主要形式有传递咨询提问结果、提供课题定题服务、专题信息服务、特定文献与信息代查等。同时，图书馆还可建立自助式咨询服务，建立信息资源引导库，学科专题信息库等不同特色的产品，让读者自主索取或选择所需的信息资源。

## （三）自助存管

开放式的图书馆已经成为未来高校图书馆发展的主流方向。通过充消磁或 RFID 防盗检测系统，读者可携包出入图书馆，但亦有一些物品不便或不允许被带入，对于这些物品仍然需要在读者入馆前为其提供专门的地点进行存放保管。

当前可供图书馆选用的自助存管设备主要有两种：①机械式的自助存包柜；②智能式电子存包柜。机械式自助存包柜结构简单，维护方便，不需要供电系统就能使用，使用成本也很低廉。智能式电子存包柜不但使用起来更为安全便利，而且能通过网络系统对无限量的柜位进行集中化的监控管理，同时通过与校园一卡通的接口还可对每一柜位实现超时扣费的机制，从而有效解决某些读者长期"公柜私用"的占柜现象问题。

## （四）自助交费

图书馆为用户提供的绝大部分服务项目是免费的，但也有一些服务需要向用户收取一定费用，如对多媒体阅览室的使用费、科技查新及文献检索等深层次信息服务费、借书超限期的资源占用费等。通过校园一卡通或其他图书馆专用支付系统便可让用户轻松地实现自助交费，这样既节省了图书馆的人力，提高了财务效率，也给用户带来了便利。

## （五）研究室、会议室自助订退与使用

现代高校图书馆在为用户提供信息资源服务的同时，也在积极地为高校师生的科研、学习创造更为良好的条件。在图书馆内设置研究室、会议室是高校图书馆新馆建设需要考虑的项目之一。

采用人工方式对这些数量甚多的研究室会议室进行管理，必然会大大地增加图书馆员的工作量，同时管理效率也低下。通过建立自助预订与退还系统对这些研究室、会议室实行网络化管理，则能在不增加额外工作人员的情况下，让用户使用校园一卡通身份认证的功能就能方便地使用这些资源。图书馆也能通过管理系统自动生成的报表了解这些资源的使用情况并合理地进行规划与调整，使其利用效率最大化。

## （六）流通阅览一体化

实现馆藏资源利用效率的最大化是实施自助服务最根本的目的，而实行"流通阅览一体化"则是实现这一目标的重要途径。读者只须在图书馆总入口处进行身份认证之后，便可在馆内任意的楼层、任意的地点自由地进行浏览、阅读、利用各种馆藏资源与享受图书馆提供的各项信息服务。通过自助服务以实现"流通阅览一体化"，进一步使"无人图书馆"得以出现。

# 第四章

# 图书馆读者荐购服务与优化研究

## 第一节　图书馆读者荐购服务概述

读者荐购是全民阅读时代我国图书馆普遍开展的新型文化惠民服务，荐购服务能有效解决"图书"与"读者"间的供需矛盾，发挥图书馆引导、促进全民阅读的社会作用与价值。为了更好地进行读者荐购服务，我们需要先了解图书馆的属性、职能与组织机构。

### 一、图书馆的属性、职能与组织机构

#### （一）图书馆的一般属性

图书馆作为社会科学、文化、教育系统的一个组成部分，具有它所属系统的一些共性，这些共性就是图书馆的一般属性，或称社会属性。图书馆的一般属性主要有社会性、学术性、服务性和教育性等。

1. 社会性

作为社会各界共同使用文献信息的一个组织机构，图书馆的文献信息本身具有广泛的社会性。

（1）图书馆的文献资料是人们征服自然、改造自然和人类社会实践的历史过程的记录，它集聚了古今中外人类创造积累的知识，是人类智慧的结晶。因此，它是人类共同创造的精神财富。

（2）图书馆读者具有社会性。由于图书馆是面向全社会开放并为所有的社会公众服务的，所以图书馆的读者具有广泛的社会性。

（3）图书馆网络化是图书馆具有社会性的表现。目前，随着计算机和网络技术的发展，国家数字图书馆的建立，资源共享已成为现实，图书馆的社会性得以充分体现。诸如编制联合目录、馆际互借等协作与协调活动等是其具体体现。

2. 学术性

（1）图书馆工作本身具有学术性。图书馆的学术性表现在图书馆工作是科学研究的前期劳动和图书馆工作本身具有学术性两个方面。

由于图书馆尤其是大型图书馆收集了大量的甚至是从古代到现代所有的图书和最先进的信息资源，所以图书馆成为教学、科研和技术创新的窗口，图书馆工作本身体现了较强的学术性，而且图书馆的各项工作，如图书的分类、编目、组织管理、文献检索等都具有一定的学术性。学术性功能，必然伴随着工作要求的提升，如对图书馆的文献资料、读者、各项工作的技术方法进行深入的研究，从而摸索出规律性，不断提高工作质量和效率，特别是现代化图书馆的建设更需要研究新技术条件下图书馆的办馆理念、工作程序、技术方法等，以满足社会对图书馆文献信息服务工作的需求。

（2）图书馆工作是科学研究的前期劳动，是构成科研能力的主要因素。科学研究是一种社会劳动，它具有明显的连续性和继承性，任何一个科研工作者在从事某项科研工作的时候，总是首先对所选的课题进行大量的调研活动，了解它的研究历史、目前的研究水平及今后的发展，以此作为定题的依据和进行科学研究创造的参考，使科研工作在前人已取得的基础上进行，这种科研前的准备工作，就是以文献调研为主的调研活动。图书馆及情报部门完整、系统地保存了记录人类知识和智慧的文献资料，是文献调研活动的主要承担者。所以说，图书馆的工作是科研工作的一部分，图书馆的工作是科研工作的前期劳动，具有学术性。

3. 服务性

图书馆是通过文献资料的收集、整理、传播和利用，将一部分人的知识成果转移给另一部分人，在文献的传播和交流过程中表现出它的服务性，同时，图书馆作为信息服务产业的组成部分，其服务性更加明确。

图书馆收藏文献的目的在于用，图书馆存在的价值也在于用。因此，利用文献为用户服务是图书馆的根本职责和任务。图书馆的服务性从文献传递的过程中体现出来，它有公益性的特征，免费为读者提供精神文化产品，服务的成果表现为社会效益，而非经济效益。

图书馆既然是一个服务性的行业，就要求图书馆的工作人员应该具备从事这项工作所必备的各种知识，它包括专业知识、科学文化知识、外语知识、计算机应用能力等，并且熟悉馆藏、了解读者，具有良好的职业道德和奉献精神，只有这样才能充分发挥图书馆在人类社会中的作用。

自己兴趣和需要，在浩如烟海的知识海洋中摄取自己所需要的科学文化知识。

## （二）图书馆的职能

图书馆的职能是指各级各类图书馆所共同具有的职能。这些职能贯穿于图书馆的整个发展过程中，不随图书馆的技术方法、服务手段等方面的改变而改变，也不随社会的发展而变化。

### 1. 社会职能

（1）社会文献信息流的整序。社会文献信息的生产具有两个明显的特征：一是它的连续性；二是它的无序状态。连续性是指社会文献信息一旦产生，它就不会停止运动，总是源源不断地涌现。无序状态是指社会文献信息的产生，从个体单一的机构来说是自觉的、有目的的，但从社会整体上来说则是不自觉的、无目的的；文献流向是分散的、多头的。文献的这种无秩序的、自然排列的流动状态就是"无序状态"。社会文献流的这种无序状态，给使用者带来了极大的不便。为了使它们能够合理地、有效地、方便地利用文献信息，控制文献信息流的流通，需要对文献信息进行整序。图书馆就是这种能对社会文献信息进行整序的社会机构。因此，对社会文献信息流的整序，就成为图书馆最基本的职能之一。

图书馆文献信息的整序工作，就是利用分类、编目等技术方法，揭示文献信息的内容特征和形式特征，通过对文献信息的科学分类、组织，以达到为读者提供文献信息服务的目的。

（2）开展社会教育。图书馆是社会教育体系中的重要组成部分，随着图书馆逐渐对社会开放，广大读者涌进图书馆寻求知识，接受教育，使图书馆成为一个重要的社会教育机构，随着现代科学技术的发展，学习型社会的建立，人们对知识的需求越来越迫切，终身学习已成为绝大多数公民的必由之路，图书馆的社会教育职能越来越突出。

第一，进行思想教育。图书馆是国家文化教育事业的重要组成部分，它的根本任务之一是为政府服务。图书馆要大力宣传政府的方针、政策、法令等，使广大人民群众自觉地维护国家和人民的利益，为建设美好的祖国而共同努力。在现阶段，我国图书馆的任务就是开展社会主义精神文明建设，宣传社会主义法制、社会道德和行为规范，提高广大群众的基本素质，为建立和谐社会做出贡献。

第二，传播科学文化知识。图书馆传播科学文化知识，有着三个层面的含义：①为受教育水平较低的社会群体服务，为他们提供基本的科学文化知识，以提高他们参与社会竞争的能力；②为虽然接受过良好教育，但为了适应科学技术的发展而继续学习的社会成员服务，以促使他们始终能跟上社会的进步与发展；③为一些老年群体服务，为他们更新知识，使之适应社会。

## 2. 科学情报传递职能

科学研究和创新具有明显的继承性、连续性。这就需要迅速地收集、掌握文献资料中的情报信息，以避免重复劳动。现代科学技术迅速发展，记录科学技术的文献情报急剧增长，收集、整理需要花大量的时间和精力，科学家们自发地、分散地、孤立地收集科学技术情报资料已远远不能满足客观需求，需要专门机构、专门人员从事科技情报的收集、加工、整理和传递工作，于是专门的情报机构应运而生。图书馆作为情报资料的重要收藏机构，传递科学情报成为其最重要的社会职能。

图书馆收集国内外各学科、各专业、各学派、各种深度的文献资料，不仅向社会提供科技信息，同时还要提供政治、经济、文化、教育各领域的情报信息，以满足社会对情报信息的广泛需求。

## 3. 智力资源开发职能

智力是一种资源，只有被人们开发和利用，才能发挥巨大的能量，为人类社会服务。图书馆开发智力资源的职能体现在以下方面：

（1）开发文献信息资源。图书馆收藏的图书文献蕴藏着知识、信息，是人类的智慧结晶，也是一种智力资源，采用现代化的技术手段，将文献资料中的情报信息充分揭示出来，为每一条信息找到使用者，同时为每一个需求者找到他所需要的信息，从而使图书馆的智力资源得到充分的开发和利用，为社会创造新的物质财富和精神财富。

（2）开发人的智力资源。人的智力是一种潜在的资源，只有经过开发，才能最大限度地发挥作用，图书馆关于人的智力资源开发工作与图书馆社会教育密切相关。一是对读者进行学习方法和阅读能力的教育，培养读者的学习能力；二是对读者进行情报信息检索知识的教育，以提高读者利用图书馆的能力；三是读者利用图书馆丰富的文献资料，不断丰富自身的知识，更新原有的知识结构；四是开办各种培训班、讨论活动，开阔读者的视野，启发读者的思维等。

## 4. 文化娱乐休闲职能

随着社会文明的进步和人类对生活质量的关注，人们对文化娱乐、休闲的需求越来越多。让广大社会民众走进图书馆，享受文化娱乐及休闲给人们带来的快乐，成为图书馆的另一社会职能，如图书馆可举办音乐茶座、音像放映等。真正地使图书馆成为人们生活中不可或缺的重要组成部分。

### （三）图书馆的组织机构

图书馆的工作性质，决定了图书馆的组织机构设置，图书馆的组织机构是由图书馆的研究对象、图书馆要素和图书工作内容及性质决定的。图书馆的研究对象包括两个方面：①宏观，宏观对象是指图书馆系统、图书馆事业、图书馆与环境的关系；②微观，微观对象是指图书馆的各个组成要素，以及作为图书馆工作对象的知识、信息等。

不同的图书馆有着不同要求和侧重点，具体如下：

第一，图书馆的综合办公室。图书馆的综合办公室日常业务主要是上级行政指令的传达、日常工资领发，组织会议、职工福利发放等日常事务。

第二，图书采编管理部。图书采编管理部包括图书采访、编目、网络管理等。图书采访主要完成图书遴选、计划、采购、访问、新书发布等，并完成图书总括登记、个别登记等工作。图书编目部完成图书分类、编目、盖章等图书进入流通环节的各项工作，包括新书通报的发布。

第三，技术部。技术部完成集成管理系统，提供信息发布、图书服务、图书数据保存等功能。

第四，图书阅览部。图书阅览部包括报刊阅览室、电子借阅室、读者自习室等。报刊阅览室主要完成报刊订阅、登记、分类及日常借阅管理；电子借阅室提供上网平台；读者自习室供读者自行学习。

第五，图书流通部。图书流通部包括检索大厅、典藏书库及开架书库。检索大厅存放分类的图书信息卡片，供读者（手工）检索之用。每本书都有一个卡片，同时有相应的计算机检索系统。一般典藏书库供保存书籍使用，典藏有保存价值的文献，可依据不同方向和专业图书馆服务功能有所侧重地典藏。典藏书一般不借阅，但读者可以在现场查阅，不得带出图书馆。开架书库是读者借阅书籍的地方。由于过去这个书库不允许读者进入，现在都进入开放时代，故更名为开架书库。读者可以进入其中进行浏览并根据需求借用图书。

第六，科技查询服务部。科技查询服务部主要服务于科研工作和高端用户，有的图书馆也是在读者申报各级技术职称时开具科技查新报告的最高权威部门。

第七，技术部。技术部的主要任务是对图书馆计算机硬件和软件设备进行日常维护和维修。

## 二、图书馆读者荐购服务的现实背景与意义

读者荐购是指读者通过图书馆所提供的渠道、平台及信息媒介等向其提供自己所需而未入馆藏的图书文献资源的信息，最终由图书馆购买入藏。"加强读者荐购，能够激发读者阅读兴趣，使图书采访工作更具针对性，从而提升图书采购质量和借阅率。"[①]

### （一）读者荐购服务的现实背景

全民阅读作为政府主导、社会参与、全民践行的策略性活动，已然提升到国家战略高度，其深入性开展对提高公民综合素养和科学文化水平、满足人民文化需要、建设学习型社会、培育文化创新观念具有重大而深远的意义。

图书馆参与全民阅读的方式可以是多种多样的，比如，按总分馆管理模式，打造传统图书馆服务网络，构建全民阅读推广服务体系，利用每年世界读书日等举办大型阅读活动，从馆舍建设和布局设计方面，打造全民阅读新空间，借助科技手段拓宽全民阅读受众群体，吸引社会专业力量参与提升全民阅读推广品质活动。服务是图书馆的基本宗旨，图书馆服务致力于满足读者需求。近些年，"你荐书我买单""你选书我买单""你看书我买单""你悦读我买单""你荐书我采购"的图书馆读者荐购服务活动在全国各地图书馆悄然兴起，使荐购服务成为图书馆助力全民阅读的一种创新形式。

### （二）读者荐购服务的意义

#### 1. 有助于推动全民阅读

读者荐购服务的开展一定程度上可以提高图书的外借率，平衡协调图书馆事业的发展。结合当代读者的性格特征与阅读习惯，借助信息技术，开展以读者为导向的荐购服务，是全民阅读实践性研究的方向，荐购服务的创新模式借助丰富的社会资源为开展全民阅读提供动力，使得图书馆服务覆盖面得到更大程度的延伸，打造了科学服务与全民阅读新空间，成为图书馆参与推动全民阅读的一种形式。

#### 2. 有助于提升文化自信

文化软实力作为一个国家获得国际话语权的重要力量，坚定文化自信与发展文化自身特色都是提高文化软实力、建设中国特色社会主义、实现国家繁荣昌盛的关键。

我国图书馆根据自身馆藏特色开展读者荐购服务，结合自身实际情况打造了图书馆文化服务品牌，创新了服务理念，构建了新型荐购服务模式，在国际相关领域引起了一定反

① 夏果.高校图书馆读者荐购模式研究 [J].江苏科技信息，2022，39（10）：32.

响，从而深入贯彻文化惠民工程的实行，提升国民综合素质与社会文明程度，同时提升我国文化自信，坚定文化力量，提高国际地位。

### 3. 有助于吸引社会力量参与图书馆建设

国家鼓励公民参与到图书馆所举办的各项活动中，也指出公民与相关企事业单位组织和社会团体积极参与到图书馆的建设。读者荐购服务作为建设图书馆事业的项目活动，政府大方向主导和支持读者荐购服务的相关活动与计划，对于成为品牌特色的读者荐购服务活动，政府及有关部门可以进行宣扬，给予项目荣誉称号，肯定其发展之路，并将创新亮点列入相关文件，并基于社会支持理论，加大社会力量参与力度，吸引社会力量通过参加志愿服务或者捐赠等多种形式参与其中。

### 4. 有助于树立读者第一、以人为本理念

现在读者荐购更加侧重于服务，以读者为主导，将选择权交于读者，由读者根据自己需求随时随地进行荐购，再由图书馆负责将荐购文献交于读者手中。在荐购工作中，读者位于首位，体现以读者为中心的服务理念，增强读者的主人翁意识。

## 三、读者荐购服务的目的与原则

### （一）读者荐购服务的目的

图书馆开展读者荐购服务目的如下：

第一，将图书的自主选择权交给读者，避免图书采访人员的盲目选书、随意选书，提高文献资源水准，最大限度地保证馆藏资源质量，增强图书馆核心竞争力。

第二，重视读者意见，开展读者荐购服务是多数图书馆解决与读者之间基本矛盾的合理方案和必然环节。图书馆进行馆藏资源建设既要符合自身馆藏建设规划，又要满足读者的信息文献需求，但是受文化建设及学科建设影响，新型课程的开发使得读者需求变大，普通图书采访模式无法满足发展要求，图书馆开展读者荐购服务可以增强图书采访工作人员与读者的互动性，及时准确掌握读者需求，令所购图书更加专业化。

在购书经费有限的前提下，为实现提高馆藏利用率和图书馆借阅率，提高经费使用效率，尽可能达到效益最大化，图书馆积极开展读者荐购服务，提高荐购图书在馆藏中所占比例，同时也可以解决读者对于图书馆文献资源服务满意度不高、参与图书馆发展积极性下降的问题。

随着文化的不断发展，图书馆开展读者荐购服务以读者为主，重视采纳读者意见，服

务读者，提高读者阅读的积极性与参与性，推动图书馆发展进程，同时在促进全民阅读、建设学习型社会方面逐渐成为一大发展趋势。

### （二）读者荐购服务的原则

作为文献采访的重要组成部分，读者荐购需要遵循文献采访的原则。图书馆读者荐购服务应遵循如下原则：

第一，系统性原则。图书馆开展读者荐购服务要注重荐购文献的比例构成，根据图书馆自身馆藏状况，在馆藏资源的内容与形式上需要考虑图书馆书目系统的整体性，依据学科需求、文献类别、出版时间、复本数量等因素进行采购，紧密结合教学和科研、社会与自然、理论与实践层面相关知识，注重馆藏系统的结构完整性和协调性。

第二，实用性原则。针对读者荐购的文献资源而言，图书馆接受的荐购文献要具有实用性与适用性，具备使用价值，符合图书馆馆藏资源的建设政策和图书馆使命要求，要遵循以人为本，满足读者的需要。

第三，经济效益原则。图书馆的文献购置经费是有限的，是图书馆接受读者荐购意见和制订年度采选计划的关键因素。图书馆需要合理利用有限的人力、财力和物力资源，购置有价值的文献资源，最终提高文献利用率，实现成本效益最大化，达到开展读者荐购服务的目的。

## 四、读者荐购服务方式

### （一）传统荐购方式

传统读者荐购方式包括圈选订单、电话荐购、填写纸质表单、现场荐购及通过流通部相关工作人员进行荐购等。

第一，圈选订单。针对高校图书馆，可采用高校专业老师根据图书征订目录选择图书的荐购方式，图书馆员在圈选结束后收回书目订单进行查重筛选，统计结果后统一采购。该荐购方式虽然较为费时费力，但是可以有效弥补荐购工作中高校图书馆采访人员在学科专业方面的不足。

第二，电话荐购。图书馆网站主页会有各个部门的联系方式，读者可以直接拨打采编部等部门的电话，告知相关工作人员需要推荐的图书文献信息，但是目前读者采用不多。

第三，发放荐购信息表，填写纸质荐购表单（表单荐购）。图书馆荐购宣传台针对到馆读者设置纸质荐购表单（荐购信息表），有意愿和需求的读者可以进行填写记录，之后由采访人员定期进行统一汇总。这种荐购方式适用范围局限，覆盖面窄，主要针对到馆读者，而且读者大多数对于所需要的图书无法详细提供完整全面的图书信息，容易出现偏差。

第四，现场荐购。现场荐购方式主要是读者参与图书馆与书店和出版社合作举办的各种书展、书博会等图书采购的活动，现场选择自己需要的图书进行荐购，这种荐购方式直观性、互动性与实时性较强，节省时间。

第五，通过图书馆流通部接受读者荐购信息。图书馆各个部门之间互通，流通部相关工作人员可以直接访问读者，记录读者某些文献资源获取情况，及时与采访部人员沟通交流，传递荐购信息。

## （二）网络荐购方式

第一，图书馆自行开发的荐购系统。图书馆根据馆藏资源需求的实际情况，自主开发网上荐购系统。图书馆自行开发的荐购系统是与其自身使用的自动化管理软件数据相互对接的，可以有效进行馆藏分析与检索，如此一来减少了采访人员处理时间，减轻荐购服务的压力，提高荐购效率。

第二，图书馆自动化集成管理系统的荐购服务模块。图书馆自动化集成管理系统为读者提供荐购服务，图书馆员定期将书目征订目录导入荐购服务功能模块中，读者登录系统后进行检索，确定馆藏无所需图书后，可以直接在征订目录中查找选取自己需要的图书进行荐购。

第三，商业化荐购系统。书商专门针对读者荐购开发了的商业荐购系统软件。

第四，网页表单和网页留言。网页表单荐购方式是图书馆在网站主页上发布图书荐购信息表，由读者填写后提交。图书馆一般要求读者在荐购前对馆藏检索查重，确定无所需馆藏资源后再提交荐购信息，以节约采访人员处理数据的时间。网页留言荐购是图书馆在其网站设立专门读者留言板块，读者可以将自己所需资源相关信息进行留言告知图书馆员。

第五，电子邮件、QQ、微信、微博等荐购方式。读者可以通过获取图书馆公布相关部门的邮箱地址发送邮件进行荐购，还可以通过QQ、微信公众号、微博等社交媒体平台进行荐购，提供所需图书资源的信息。图书馆可以开设荐购论坛，为读者提供一个公开荐购平台。

# 第二节　图书馆读者荐购服务的理论依据

## 一、图书馆学五定律

图书馆学五定律是围绕以人为本的宗旨，揭示指出图书馆与图书馆学的本质，是图书馆学与图书馆领域的基本原理。"'图书馆学五定律'是图书馆学的基本原理，对图书馆事业的发展起导向作用。"① 图书馆学五定律的提出转变了最初对于图书馆学现象、具体及表面的研究，标志着图书馆学基础理论进入深入发展阶段，被国际图书馆界誉为"图书馆工作的最高准则"。

### （一）五定律的定律内容

第一定律：书是为了用的。此定律可概括为"藏以致用"，明确指出图书馆藏书的根本目的是满足读者需要、为读者服务，并非单纯收藏保存。这一定律阐明了图书馆的基本性质和根本任务，表明图书馆工作的目的是让图书流通起来，打通藏书文献与读者之间的桥梁。

第二定律：每个读者有其书。此定律作为图书馆工作的核心定律，提出图书馆为所有读者服务，每个读者都可以平等使用图书馆。

第三定律：每本书有其读者。此定律与"每个读者有其书"定律均是概括"读者"与"书"之间的关系，该定律对第二定律进行补充。对于图书馆工作，第二定律强调"可得性"，而该定律强调"揭示性"，即指导读者去发现选择图书进而入藏。

第四定律：节省读者的时间。此定律体现"读者为本"的服务理念，平衡读者时间与图书馆成本，注重读者的根本利益。

第五定律：图书馆是一个生长着的有机体。此定律着重说明图书馆的"生命力"和"有机性"，图书馆馆藏资源的不断更新、读者参与力度不断增大、图书馆员综合素质不断提升，这些变化推动图书馆的不断发展，令图书馆具有了"生命力"，不断生长，与时俱进。

### （二）与读者荐购服务的关系

"图书馆学五定律"对开展读者荐购服务提供了理论依据和实践指导，而读者荐购服

---

① 智晓静.论"图书馆学五定律"的发展历程 [J]. 山东图书馆学刊，2018（02）：10.

务，旨在从读者角度出发，将"读者"和"书"这两个图书馆的核心要素巧妙联系起来，也更深层次地阐释了"图书馆学五定律"。

1. 第一定律与读者荐购服务

读者荐购服务的开展基于"书是为了用的"，开展读者荐购服务有利于图书馆打破读者与藏书之间的障碍，使读者能够无阻碍地使用书籍。相较于传统文献采访模式，读者荐购从读者角度出发，可以最大限度地消除读者和书籍文献之间的壁垒，提升了读者参与度，读者荐购的文献更符合读者需求，更能充分发挥文献使用价值，让图书得到充分利用。

2. 第二定律与读者荐购服务

对于文献资源的需求是高度个性化的，满足读者这种个性化需求，做到让每个读者都有属于自己的图书，就是开展读者荐购服务的目的之一。读者荐购服务给予了每一个读者决策采购权，让读者从自身出发，选取自己所需的图书。读者荐购将决策采购权交于读者，一方面，尊重了读者，使得每个读者面对信息资源都有平等选择的权利；另一方面，读者荐购服务保证了文献采购的客观性和公平性，充分诠释"为人找书"。读者荐购服务模式能够充分利用图书馆的文献资源优势，激发读者发掘文献的积极性与潜在能力，从而满足自身对于特殊文献的需求。

3. 第三定律与读者荐购服务

第三定律主语是"书"，是为了让图书馆的每一本书都能够充分发挥出它的价值。读者荐购服务模式基于在采购流程中保证让购入的每本书都有读者，致力于为文献资源寻找潜在读者。

4. 第四定律与读者荐购服务

"节省读者时间"考虑的是时间因素，要求图书馆工作在满足读者需求的前提下，优先考虑读者的时间以及成本效益，强调读者的利益。图书馆从读者角度出发，让读者自行荐购书目，为满足读者需求提供了荐购服务模式。

开展读者荐购服务，打破了时间限制，极大缩短了传统文献来访模式的烦琐流程，实现由"采—编—藏—借"到"借—编—藏—借"的转变，节省时间，提高效率，使读者的时间和成本达到最低，同时也体现出这一服务模式最主要的目的是为了满足读者的"即时"文献需求。

5. 第五定律与读者荐购服务

图书馆不断"生长"体现在图书馆资源内容和形式的变化，体现在图书馆管理模式的革新性，体现在图书馆服务模式的时代化和读者需求的个性化。"书"指包括文献等一切文化记载，"人"指读者，"法"则指包括图书馆中软硬件设施及一系列管理方法等。"书"的更新、"人"的个性和复杂以及"法"的推陈出新使得图书馆成为一个具有"生命力"、不断生长着的有机体。读者荐购服务是以读者为导向，通过荐购形式丰富馆藏资源，实现了"人""书"及"法"的更新。读者荐购服务不仅使得馆藏资源得到更好利用，也使得图书馆管理的理念发生了变革，这是一种创新的服务模式，也是促进全民阅读的一种有效途径，读者的踊跃参与无疑为图书馆注入了灵魂，让图书馆更加充满活力，不断"生长"。

## 二、需求理论

需求理论强调公众需求是图书馆馆藏建设和发展根本基础，注重的是图书的被利用，以满足读者需求为最高准则。从需求理论来看，读者作为图书馆工作中的主要消费者，读者的需求才是最重要的，最大限度地满足读者需求、发挥读者积极性，提升读者参与度，才能提高图书馆馆藏利用率。

图书馆基于"需求理论"开展读者荐购服务，加强读者与馆员的有效沟通，不仅注重理论上的合理性，还考虑到实践中的制约性。读者荐购服务以读者需求为主，在"需求理论"指导下让读者参与荐购流程，极大地发挥读者的积极性，保证了文献资源的专业化和完整性，建设以读者为本的馆藏体系。图书馆通过开展读者荐购服务加强与读者的沟通，了解读者需求并将其反映到图书馆工作中，更好地促进全民阅读，推动社会文化事业的建设。

## 三、成本效益论

成本效益分析方法是一种经济决策方法，通过制订方案、计算成本收益，进而比较得出最优决策，在经济投资中，寻求以最小成本获得最大效益。成本效益分析实现社会资源均衡分配，有利于组织机构更加准确地评价各项支出项目，做出理性的选择。

读者荐购的过程涉及时间、人力、资金等各种有形和无形的成本，根据成本效益论，图书馆获得的收益要补偿损耗的成本，就要从成本消耗与收益获取两个方面分析，合理配置馆藏资源，将成本消耗降至最低，以有限经费来获取最大的经济效益和社会效益。成本效益论中，服务成本确定，图书馆工作效率低，单位时间内图书馆产生的经济价值就低，读者荐购服务改变传统模式，通过协调图书馆与读者之间的关系，让读者直接或间接参与，节省时间，提高图书馆工作的效率，图书馆经济价值随之提高，最终获得最大经济效益和社会效益。

## 四、社会支持理论

"社会支持"最早产生于心理学领域，是一种支持人与被支持人双方资源的交换，随着应用领域的变化，社会支持融入社会网络中，便成了社会资源的流动与交换。"社会支持理论"应用于图书馆学领域，即社会力量（包括国家、政府和其他社会组织机构）参与图书馆建设，对图书馆进行主观与客观形式上的社会支持。

读者荐购服务从社会支持理论角度出发，考虑社会支持理论的三个要素：主体、客体与介体。读者荐购服务的开展，主体要具备较强的主导性，政府及各社会组织要给予充分的支持，个人要提高自己的积极性与参与性，参与到读者荐购服务中；对于作为客体的图书馆来说，自身对于开展荐购服务的定位要准确，衡量其地位、目的与意义，要具有广泛度；介体对于读者荐购服务来说，是连接图书馆和社会力量的桥梁，开展读者荐购服务的政策制度的规范性与开展方式的多元化、多样性对于更好开展读者荐购服务具有举足轻重的作用。

# 第三节　图书馆读者荐购服务的特点与成效

## 一、图书馆读者荐购服务的特点

### （一）以读者需求为基本原则

图书馆发展模式由"资源—服务—需求"逐渐转变为"需求—服务—资源"，满足读者需求成为图书馆服务的主要目标之一，从读者需求角度出发的荐购服务模式成为图书馆服务发展新趋势。我国图书馆开展读者荐购服务，将选择权交给读者，实现以读者为主导，让读者直接参与到图书荐购流程中，以满足读者需求为原则来为读者提供服务，改变了传统以采访馆员为主的文献采访服务模式，体现了荐购工作不再是单纯的资源建设，而是逐渐转向服务，兼具资源建设与读者服务双重功能。

### （二）呈现多样性发展

随着技术的发展和信息化理念的不断更新，我国图书馆开始充分利用互联网技术、云平台、云存储、大数据技术等最新的技术方法，积极探索创新丰富多样的荐购服务方式，包括自行开发的荐购系统、依托图书馆自动化集成管理系统的荐购服务模块还有利用商业荐购系统或书商等第三方开发的荐购平台，为读者进行荐购提供了极大便利，节省时间，提高了荐购效率。图书馆将图书馆学五定律的基础理论结合实际指导荐购服务的发展，在社会支持理论、需求理论等支撑下，荐购服务方式不断创新发展，体现了图书馆是一个"生长着的有机体"。

### （三）覆盖多数图书馆

通过对我国图书馆读者荐购服务的调查，读者荐购服务以不同的荐购方式覆盖多数图书馆。新时代背景下，随着党和政府对全民阅读的重视，图书馆作为开展全民阅读工作的主阵地，担任了极为重要的角色。图书馆应当通过开展多种形式的阅读活动，推广全民阅读，而读者荐购服务从社会支持理论角度出发，由政府主导，社会力量不断参与，成为图书馆推动全民阅读的途径之一，被广泛应用。

图书馆注重文献的专业性和完整性，以读者为中心开展荐购服务，有利于提高文献资源类型的多样性，极大地满足了不同专业学科领域对文献的要求。总的来说，目前不论是公共图书馆还是高校图书馆，从开展荐购服务的数量范围来看，读者荐购服务开展较为普及、广泛。

## 二、图书馆读者荐购服务的成就

### （一）服务效果日渐凸显

近年来，读者荐购服务呈现积极的发展态势。我国图书馆将读者荐购作为助力全民阅读、推动文化惠民工程的创新服务模式，通过借鉴、结合已有荐购方式制定符合自身馆情的读者荐购服务模式，调动了读者参与图书馆工作的积极性。

读者荐购服务的开展还促进了图书馆自身发展，实现了图书馆的经济价值和使用价值，充分发挥了图书馆的社会作用。读者根据自己需求选择图书文献，由图书馆负责买单，这是一种创新文化惠民途径，坚持以读者需求为导向，推进了文化惠民工程的建设。高校学科分类不断细化，学科之间的交叉融合产生了更多新兴的学科，所需的文献资源类型复杂多样，专业性越来越高，我国高校图书馆开展读者荐购服务，让读者参与文献的采购，使得图书馆所购即所需，充分提高了馆藏利用率，也实现了高校图书馆的学术型价值。

### （二）推动落实国家文化战略

文化是一个国家和民族的灵魂，要坚持中国特色社会主义文化发展道路，激发全民族文化创新创造活力，建设社会主义文化强国。在国家文化战略视野下，公共文化作为研究国家文化战略发展的一个新兴领域，发展迅速、推进力度大，而作为公共文化体系重要组成部分的图书馆要积极参与到国家文化战略建设中。

为推进文化发展，图书馆开展读者荐购服务，既可以让读者通过多元化荐购方式满足自身阅读需求，又提升了公共资源利用率，营造了积极的阅读氛围，推进了全民阅读进程，实现构建书香社会的目标。读者荐购服务使图书馆打破了时间空间的限制，为读者创造了便利阅读条件，也推动了图书馆自身高质量的发展，同时也是落实文化惠民工程，提升公共文化服务水平，发展文化事业的有效手段。

## 第四节　图书馆读者荐购服务的优化及展望

### 一、图书馆读者荐购服务的优化策略

#### （一）规范读者荐购服务栏目的设置标准

图书馆应合理设置荐购栏目，充分考虑栏目的可操作性与便捷性、栏目位置的可见性等，让读者通过字面意思即可直观地理解荐购服务的内容与方式，重视读者参与荐购服务的初次感受。开展线下荐购服务的图书馆需要在网站中设置荐购专栏介绍，让读者充分了解荐购活动开展的详细内容，提高管理网站荐购服务栏目的专业性。

#### （二）加大图书馆的宣传力度

图书馆为读者提供服务，需要读者进行积极广泛的参与。图书馆面向的读者群体多样，在宣传方式上要注重多样化，拓宽宣传渠道，图书馆可采用"互联网+"的方式，在微信公众号、微博官方平台发送推送通知和高质量推文，在网站上进行流动窗口展览，还可以在社会支持理论的指导下，借助社会力量的参与，合理借用社会资源进行有效宣传，比如借助主流媒体进行宣传报道等方式，吸引读者关注，激发读者兴趣，提高读者参与度。

#### （三）完善读者荐购政策与规则

图书馆面向的读者群体较为广泛，制定完善的荐购服务政策和规则有助于规范读者的荐购行为，提高荐购工作效率。图书馆应明确读者荐购的流程，设置读者荐购图书的范围、荐购数量的上限、荐购单价及满足采购要求的荐购次数等；设立专门人员、机构，负责线

上线下荐购服务业务流程的运行；建设馆店合作保障机制，制定荐购服务监督制度；对荐购服务流程进行科学化评估，制定奖惩措施，建立荐购信用评价体系。图书馆各馆应根据实际情况制定出兼顾馆藏特色和读者个性化需求的规则及发展政策，设有专门机构人员负责荐购工作的有效开展。

### （四）灵活采用多种荐购服务方式

基于需求理论与成本效益论，图书馆创新发展多样性荐购服务方式。并联采用多种读者荐购方式，可以满足不同读者的多样化需求，方便读者根据自己的个性、习惯进行选择，尽可能避免受外部环境与时空限制等客观因素对荐购服务产生的不良影响，满足自己需求的同时实现图书馆效益最大化。

面对不同时间不同情况，拘泥于一种荐购方式会受到不同因素的制约和阻碍，灵活采取荐购方式，为不同群体阶层的人提供更多的选择可能，提升读者碎片化和即时性的阅读体验，更能提高读者参与感，形成良好的社会阅读气氛。线上线下结合开展荐购服务，可以留给读者更多的选择空间和余地，多数的年轻人趋向于线上下单荐购，物流到家，便利省时；而相对不熟悉互联网平台操作的其他群体，线下荐购同样是一个不错的选择，两者结合更符合不同用户读者群体不同的需求习惯，更能提供更加全面的服务。

## 二、图书馆读者荐购研究展望

### （一）提倡理论与应用研究协调发展

基础理论决定读者荐购的发展方向和根本原则，发挥纲领性的指导作用；应用理论解决读者荐购实际应用层面的规律性问题。注重理论研究的同时，还应积极开展读者荐购的应用研究，针对读者荐购服务各关键环节，捕捉需要解决的具体问题，探讨理论研究成果的用途，以及应用的方案、方法和途径，提升读者荐购水平。如何引进云计算、大数据等新兴技术，以及移动智能终端等设备，研制对读者荐购具有特定辅助功能的客户端荐购软件，通过扫描图书 ISBN 码自动获取图书信息，与豆瓣、当当等网络读书社区平台交互，以查看书目和评价、分享信息等。

### （二）促进定性与定量研究相辅相成

读者荐购研究不能局限于从读者荐购服务发展中总结经验，做出定性判断，更须在定性研究的基础上，从流程模型、概念模型、逻辑模型等各类定性研究成果过渡到数学模型的建立，并用数学模型计算读者荐购服务各关键环节的相关指标及其数值。如利用图书馆自动化系统中记录的读者借阅数据、检索数据等行为数据，构建读者个体阅读偏好模型，挖掘读者需求等。

对于读者荐购服务绩效及各关键环节的服务质量，目前尚缺少科学合理的评价体系进行量化评价，亟须开展相关研究，以指导读者荐购业务开展、引导图书馆合理配置资源。而且，目前读者荐购研究的关注点大多集中在读者荐购本身，缺乏对读者荐购研究成果质量的评价，量化地评价读者荐购研究的先进性、创新型、实用性，对于提升读者荐购研究水平意义重大，也是亟待开展的研究。

## （三）引入其他学科，实现学科交叉研究

针对近年国内读者荐购研究主题大多属于图书情报学范畴的问题，未来应广泛采纳其他学科的研究方法开展读者荐购研究，实现学科交叉、方法融合和方向创新。图书情报学范畴的研究问题与其他学科研究方法的组合，往往能拓宽单一学科的研究视野，突破单一学科无法打破的瓶颈，触发灵感，从而在多种理论支撑下，产生全新的观点、理论和方法，在此基础上，形成并不断丰富、发展图书馆读者荐购的理论体系和解决问题的框架。这也是读者荐购研究取得突破的有效途径，更是读者荐购研究可持续发展的必然趋势。

# 第五章
# 不同类型图书馆读者服务工作探究

## 第一节　高校图书馆读者服务工作

高等学校图书馆是为高等学校教学和科学研究服务的图书馆，是指大学图书馆和学院图书馆等，是高等学校的文献情报中心。为了更好地进行读者服务工作，我们需要先了解高校图书馆。

### 一、高校图书馆的概述

高校图书馆的服务对象主要是学生和教师，以本科所设专业和科研项目为依据，全面系统地收集国内外较高水平的基本理论著作，并适当收藏相关学科、边缘学科的有关书刊，教学参考用书的复本量大。

#### （一）高校图书馆的地位

高校图书馆的地位是指高校图书馆在普通高等学校机构体系中所占的位置。图书馆学界认为，图书馆历来被誉为人类知识的宝库、精神的家园。它不仅收藏了大量的书籍和期刊等文献，而且还提供了文献检索工具和检索方法的指导，以便读者能充分利用馆藏的文献和书籍。实际上，从古到今，无论时代如何变迁，社会发生怎样的变化，图书馆在建设社会文化、保存文化成果和传播知识等方面都承担了大量的责任，它在保存文化遗产和推动世界文明发展中起着不可替代的重要作用。高等学校的基本任务是为国家培养有社会主义觉悟的有文化的劳动者，为社会主义现代化建设培养了掌握现代科学文化技术的人才。

高校的人才培养和科学研究必须具备三个基本条件：一是高质量的教师队伍；二是必要的仪器设备；三是必要的图书资料。因此，图书馆学界普遍认为高校图书馆文献信息资料与师资队伍、实验设备被并列称为高校办学的三大支柱。在高校组织机构设置中，高校图书馆一直扮演着为高校教学、科研和学生服务的重要角色。

高校图书馆是综合性的服务机构，是高校课堂教育活动的补充、延伸与扩展，在高校机构设置中处于教学和科研的辅助地位。图书馆作为高校教学和科研提供服务的学术性机构，图书馆在学校教学研究中发挥的作用越来越重要，但还是有许多因素导致高校图书馆在高校的发展中未能得到应有的重视，这与图书馆在学校中所起到的作用不相符。因此，提高图书馆在高校中的地位，对于推动图书馆的工作和实现图书馆员的个人价值具有重要的意义。

## （二）高校图书馆的性质

高校图书馆是"服务性学术机构"或者是"学术性服务机构"，它包含了两个方面的特性，即高校图书馆的"学术性"和"服务性"。高校图书馆是服务性学术机构，强调了高校图书馆的学术性，认为高校图书馆的学术性是第一位的，而服务性是第二位的；而高校图书馆是学术性服务机构，则强调了高校图书馆的服务性，认为服务性是第一位的，学术性是第二位的。

高等学校图书馆是学校的文献信息中心，是为教学和科学研究服务的学术性机构，是学校信息化和社会信息化的重要基地。高等学校图书馆的工作是学校教学和科学研究工作的重要组成部分。但是，我们认为高校图书馆的本质属性是学术性服务机构，也就是说高校图书馆是具有学术性的服务机构。它最本质的特性还是一个服务性机构。

第一，由高校图书馆的宗旨决定的，读者是图书馆的中心。图书馆的一切工作都是围绕着读者而展开的，是为了使读者能够充分利用文献和信息资源。服务是图书馆的基本宗旨，是贯穿图书馆发展的主线。树立"读者第一""一切为了读者"的观念是图书馆精神的精髓，是图书馆工作活力之所在。服务是图书馆的永恒主题，就是在任何情况下都不能动摇图书馆服务，取代图书馆服务；坚持服务是图书馆的终极目标、根本目的，是一切工作的出发点和归宿；坚持服务是图书馆一切工作的中心；坚持面向读者、读者第一、服务至上。

第二，高校图书馆的业务工作直接为读者服务。由于高校图书馆是学校文献中心，高校图书馆的一切业务体现了它直接为高校的教学和科研服务。高校图书馆的采购工作是挑选那些符合学校需要的图书资料、音像制品、电子产品。

第三，高校图书馆的机构归属于服务机构。目前高校对图书馆基本都是划归为教辅机构或公共服务机构。高校图书馆是服务机构，高校所希望的是图书馆为学校的教学和科研做好优质的服务，对于一个文化教育的服务机构，高校从不指望图书馆能为学校的科研贡献多少力量。

## （三）高校图书馆的管理

高校图书馆管理，就是运用现代科学的理论和方法。遵循高校图书馆工作的客观规律，通过决策、计划、组织和控制等手段，合理地组织和最大限度地发挥全馆人、财、物等各种资源的作用，卓有成效地为学校的教学和科研服务的全部活动及其全过程。

### 1. 高校图书馆管理的特点

现代高校图书馆除了具有以往传统高校图书馆的相关特点之外，高校图书馆管理具有以下主要特点：

（1）理论性。任何一门管理学科都不可能脱离理论的支持而获得发展，高校图书馆管理亦不例外。高校图书馆管理不仅从高校图书馆学研究发展中汲取营养，更多的是作为一级组织结构从企业管理、公共管理等领域获得新的理论支持。理论性是高校图书馆管理的一个重要特点，作为一门科学，高校图书馆管理就必须有针对性地研究管理学的最新成果，吸收实践中获得的管理方法，融合成为高校图书馆管理学独特的理论体系。

（2）综合性。高校图书馆管理的综合性体现在它所涉及的领域，包括人力资源、文献信息资源、财力资源、物质资源等各个层面，而且随着资源形式的变化有所改变。人力资源包括人才规划、招聘、甄选、培训、绩效管理等环节。文献信息资源选择、引进、供给则需要文献信息规律研究做支撑，结合高校图书馆服务对象和文献信息资源出版情况做出决策。财力资源包括经费获得、经费安排等，是关系到高校图书馆能否正常运转和提高工作效率的重要保障。物质资源涉及高校图书馆建筑、设备等实物资源，是高校图书馆存在的建筑环境和技术环境要素。

（3）实践性。管理理论和思想本身起源于长期的实践活动，高校图书馆管理是高校图书馆事业发展进程中产生的事物。中国高校图书馆事业经历了从无到有、从小到大的发展历程，不同时期的高校图书馆事业有着鲜明的时代特征。随着高校图书馆出现、壮大，发展到今天，动辄上百员工，过千万经费的高校图书馆比比皆是。高校图书馆管理也在管理活动不断发展的过程中形成了自己的学科体系，并进一步指导高校图书馆管理实践。

（4）科学性。高校图书馆管理的科学性首先表现在它极大地推动和促进了高校图书馆工作的开展和管理实践的发展。从高校图书馆的发展历程和当代高校图书馆的工作实践，可以看出高校图书馆工作是有规律的。高校图书馆工作内在需求需要管理的发展，管理的发展也促进了高校图书馆工作的进步，这说明管理具有科学性；高校图书馆管理是能够应用科学知识的领域；高校图书馆管理内容可成为新的科学知识体系。

（5）前沿性。高校图书馆管理要想发展，就必须紧紧关注、追踪现代管理理论的发展，并加以研究，看看还有什么新理论能够移植到现代高校图书馆管理之中，以切实提高当今高校图书馆的管理水平，比如知识管理等。

## 2. 高校图书馆管理的范畴

高校图书馆管理的范畴是高校图书馆管理活动中各种要素、关系的普遍联系和全面发展的不同侧面的反映。高校图书馆系统内部充满着各种矛盾，高校图书馆管理范畴就是从不同角度反映高校图书馆系统中各种因素的既对立又统一的辩证关系，它们是高校图书馆管理的本质和运动规律的不同表现形式，也是各种管理要素和运动过程之间相互作用的交错点和"接合部"。这些范畴来源于高校图书馆管理实践，同时又是对管理科学各种普遍概念的综合和提升。它们随着高校图书馆管理实践的发展而发展，反过来又指导着人们的高校图书馆管理实践。

（1）高校图书馆管理中的硬件与软件。一般来说，高校图书馆管理活动是由两类既相互对立又相互统一的因素所组成的：一类是活动的物质性载体，它具有一定的感性存在形式，具有稳定性、被动性的特点，称为"硬件"；另一类是使物质性载体能够按一定方式组合起来并产生现实活动的精神性因素，它往往不具有固定的感性存在形式，而具有变动性、创造性、主动性等特点，称为"软件"。这里的硬件和软件都是泛指与高校图书馆管理活动有关的事物、过程、方法、成果等，具有普遍的意义。

硬件与软件的划分具有相对性和模糊性，只有把两者同时放在高校图书馆管理活动中进行比较，才具有较为确定的意义。在高校图书馆系统中，如果把馆舍、文献、信息技术设备等因素看作是硬件，那么人的精神因素就是软件；在组织结构中，如果组成高校图书馆的个人是硬件，那么指导人的行为的价值观念、道德情操、理想信念等就是软件；在组织形式中，如果正式组织是硬件，即"硬组织"，那么非正式组织就是软件，即"软组织"；在管理技术中，如果把具有比较固定程式的数学分析方法和计算机技术方法称为硬件，即"硬技术"，那么那些具有创造性、没有固定程式的其他管理技术就是软件，即"软技术"；在管理模式中，把高校图书馆管理单纯看成一种科学，强调运用数学和逻辑方法以及各种严格的制度和标准化原理来进行管理，这就是硬管理；而把管理看成一种艺术，强调对人的思想情感及各种非理性因素进行激励，运用非逻辑的创造性方法进行管理，这就是软管理。

在高校图书馆管理活动中，硬件和软件相互依存、相互促进、共同作用，谁也离不开谁。一方面，硬件是软件的基础。任何管理都必须具有正式的和相对固定的组织形式，必须有明确的职务、权力和责任的划分，必须有严格的大家都要遵循的规章制度，必须运用各种物质手段来组织和协调人们的活动。高校图书馆系统也必须有稳定的输入和输出关系，即既有一定的物质、能量和信息输入，又有一定的信息产品和信息服务输出。这些看得见、摸得着的有形事物是高校图书馆管理赖以存在和进行的物质基础，离开了这些硬件，软件就失去了自身依托的物质外壳，任何方法、手段、指令、程序等都无法显示其功能，高校图书馆管理也就根本不可能存在。另一方面，软件是硬件的灵魂。任何管理如果只有硬件而没有相应的软件，那么硬件就只能是没有活力的"死东西"。一个高校图书馆系统，如果只有单纯的组织结构形式，只有一些硬的规章制度，而组织成员缺乏共同的目标、愿望、动机等软件，那么这样的高校图书馆是无法进行有效的管理活动的。管理的核心因素是人，而人总是有着自己的需要和追求，有着自己的情感和意志，这些"软件"是高校图书馆的各种结构和形式等"硬件"的灵魂，它规定着硬件的组成形式，引导着硬件的发展方向。

在高校图书馆管理活动中，硬件和软件不但相互依存，而且可以相互转化。这种转化包括了硬件的软化和软件的硬化两个方面，它们是和高校图书馆管理过程紧密联系在一起的。

（2）高校图书馆管理中的利益与责任。利益是标志人的物质和精神需要能否满足以及满足程度的范畴。人们有各种各样的需要，也就有各种各样的利益。人的需要有高低不同的层次，利益也有根本和非根本之别。责任是一种对自己采取的行为以及行为的社会意义的自觉意识和实践。对于自己责任的自觉意识通常称为责任心或责任感。责任感一般从激发和控制这两个方面将自己的行为确定在与自己的地位和职务相适应的范围内。激发行为是对应尽责任的鼓励，控制行为则是对超越责任的限制。

利益和责任在高校图书馆管理活动中是一对矛盾，具体表现在以下方面：

第一，二者在方向上相互分离，有时甚至呈现出相互排斥的倾向。利益反映了整个高校图书馆、高校图书馆各部门、部门内各小组或馆员的需要，由外向内具有收敛性；而责任则要求整个高校图书馆、高校图书馆各部门、部门内各小组或馆员付出（劳动、努力等），是由内向外发出的影响，具有发散性。

第二，利益和责任相互包含，表现了二者的一致性。任何利益中都包含着责任成分，高校图书馆管理活动应该使馆内各组织和全体馆员认识到这一点，这有利于调动他们对工作认真负责的积极性。

第三，利益和责任能够相互转化。利益在实现的过程中必然转化为责任，不尽责任，就没法也不能取得利益；而责任在履行的过程中也必然转化为利益，这是尽责任应得的报酬。高校图书馆管理者在管理实践中的两个基本任务就是：一方面，将个人的、小组的、部门的或整个高校图书馆的利益获得过程设计为履行各自职责的过程；另一方面，把履行职责的结果同个人、小组、部门或整个高校图书馆的利益结合起来。

（3）高校图书馆管理中的权威与服从。权威是指管理过程中使人信赖和服从的力量和威望。在高校图书馆管理过程中，权威是非常必要的。服从是指管理过程中尊重并执行权威意见的行为。服从并不是盲从或屈从，因为人们在管理活动中只能服从正确的意见，即服从真理，这是服从的实质。

在高校图书馆管理活动中，权威和服从的辩证关系表现在以下方面：

第一，二者相互依存。权威以服从为自己存在的前提。没有服从就无所谓权威，硬建立起来的权威也形同虚设。同样，服从又以权威为自己存在的前提。没有权威人们就不知道服从什么，权威如果不值得服从，就会出现不服从。滥用权威造成的不是服从，而是屈从和盲从。不服从、盲从和屈从都不属于科学的服从范畴。

第二，权威和服从在一定条件下可以相互转化。权威代表被人服从的一方，但是权威只有在服从群众正确意见的时候才能被人们服从，只有在服从真理时才能获得权威。在上述两种情况下，权威都必然转化为服从。服从是权威的反面，但权威的正确意见正是来自服从一方，因为真理在群众手里；权威的行使又必须体现服从一方即群众的意志。在这两种情况下，服从一方都是权威一方的真正权威。

（4）高校图书馆管理中的有序与无序。有序和无序是标志组织协调程度的矛盾范畴。有序是指管理系统的各个要素之间相互联系、相互作用和相互转化中有规则的、有秩序的状态和运动趋势；无序是指这种联系、作用和转化中无规则、无秩序的状态和运动趋势。

高校图书馆系统中的有序和无序标志着管理组织的协调程度，这种协调程度是管理主体有意识的自觉活动的结果。高校图书馆系统的各种要素并不能自发地形成具有管理功能的组织。要形成组织，就必须通过自觉的组织活动，把各种相互之间无规则、无秩序的要素（主要是人）在一个统一目标、统一行为规范和统一的结构形式中组合起来，这种组合也就是把各个要素由无序状态转变为具有一定规则和秩序的有序状态。有序是高校图书馆系统的一个本质特征。

高校图书馆就是通过设立共同目标来协调馆员各不相同的无秩序的目标；通过明确的责、权、利的规定来协调各个部门和馆员之间不确定的相互作用方式；通过规章制度来协调馆员无规则的行为；通过有效的管理工作来协调复杂多变的人际关系和不同的心理情感。这样，高校图书馆中各个部分之间就能够按照规范准则统一意志，按照共同目标统一方向，按照规章制度统一行动，整个高校图书馆呈现出有规则、有秩序的状态，这即是有序性。因此，高校图书馆就是通过有意识的主动管理行为，使无序的因素组织转变成有序的系统。在这个意义上说，高校图书馆管理就是通过协调来达到有序结构的实践活动。

高校图书馆系统中的有序和无序还标志着管理运动程序化的程度，这种程序化是管理过程各种机制和职能有机联系和转化的结果。一个相对完整的管理过程是以决策为中心，包含了计划、组织、领导、控制和评价等一系列阶段的职能和过程的统一体，这些职能和过程相互有机联系和转化，形成了高校图书馆管理运动的一定程序。这个程序规定了高校图书馆系统在达到目标的过程中所应该遵循的行为步骤和秩序，使管理运动的整个过程表现出一种在时间进程中的规则和秩序，这就是管理过程的有序化。一个有序的高校图书馆管理过程必然表现为各种管理活动瞻前顾后，井井有条。当上一阶段尚未完成，条件尚未具备时，不轻易进行下一阶段的工作；而当条件具备时，又不失时机地把管理过程推移到新的阶段，做到管理过程间断性与连续性的辩证统一。在每一阶段中善于抓住重点，顾及全面，突破难关，带动其他；而当内外环境发生变化时，又能适时地转移工作的重心，整个管理过程呈现出主次适宜、轻重得当，有节奏、有规律地向前推进，做到管理过程起伏性和前进性的辩证统一。这就是高校图书馆管理运动的程序化。

因此，从质的规定性来看，高校图书馆管理的有序和无序有两种形态：一种标志管理组织的协调程度，即组织结构的有序性；另一种标志管理运动程序化程度，即管理过程的有序性。前者是空间结构规则性和秩序性的反映，后者是时间结构规则性和秩序性的反映。也可以说，有序和无序是高校图书馆系统在时空结构中的规则性和秩序性程度的综合反映。

3.高校图书馆管理的职能

高校图书馆管理的职能主要有五项，即计划、组织、领导、控制和评价（图5-1）。

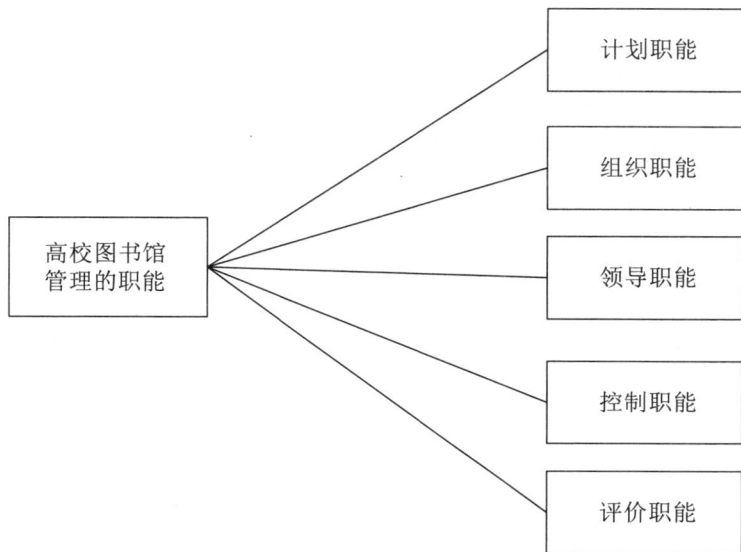

图5-1　高校图书馆管理的职能

（1）计划职能。计划是指对未来的行动以及未来资源供给与使用的筹划。计划指导着一个高校图书馆系统循序渐进地去实现其目标，计划的目的就是要使高校图书馆适应变化中的信息环境，并使高校图书馆占据更有利的信息环境地位，甚至进入一个完全不同的信息环境。

计划在高校图书馆中可以成为一种体系并有其内在的层级，如战略计划是最高层次的、总的长远计划，职能计划与部门工作计划则是中层的操作性较强的计划，而下级的工作计划则为近期的具体计划。从计划的定义、目标及其功能来看，计划无非是一种降低高校图书馆在资源配置过程中的不确定性的手段。事实上，无论是战略计划还是职能部门计划，对未来行为的一种筹划就是希望通过事先的安排有准备地迎接未来，或按照设定的目标循序渐进地工作，从而减少未来不确定性对高校图书馆的冲击，减少未来工作过程本身可能产生的不确定性。

计划职能涉及如下因素：①有助于达到目标的政策；②管理人员将要实施的项目；③管理人员将会采用的过程；④管理人员必须按时完成的时刻表；⑤将会涉及的预算方面的因素考虑。

（2）组织职能。组织是管理者建立一个工作关系构架从而使高校图书馆成员得以共同工作来实现高校图书馆目标的过程。组织的结果是组织结构的产生，即一种正式的任务系统和汇报关系系统。通过这种系统，管理者能够协调和激励高校图书馆成员努力实现高校图书馆的目标。组织结构决定了高校图书馆能在多大程度上很好地利用其资源创造信息产品和提供信息服务。组织职能包含的要素如下：①将高校图书馆各项业务活动进行合理的组织，使之具有一定功能和位置；②为了有效地发挥其职能，管理人员必须进行一定的授权；③管理人员必须在其下级之间建立关系和联系，使这些下级能够相互提供完成工作所必需的信息；④管理人员必须仔细检查自己所在部门与其他部门之间的关系及其对高校图书馆经营运作的影响。

（3）领导职能。领导有两重含义：①领导现象，指人群中存在的追随关系，其本质是影响力；②领导行为，指群体中的某些成员为了促使领导现象的出现或加强而实施的各种行为。在领导过程中，管理者要向员工描述一个清晰的愿景，调动高校图书馆成员的积极性，使他们理解他们在实现高校图书馆目标过程中所起的作用。管理者利用权力、影响、愿景、说服力和沟通等技能来协调个体和全体行为，从而使他们的努力能够得到充分的展现和利用。领导所产生的效果就是高校图书馆成员所表现出来的高度积极性和对高校图书馆的承诺。

领导涉及四个方面的功能：①及时根据外界环境的变化，指示高校图书馆内所有人与资源配合去适应环境并采取适当的行为；②调动高校图书馆内成员的积极性，激励他们奋发努力，给他们创造发展的机会；③有效地协调高校图书馆内的人际关系，使高校图书馆内有一个良好的工作氛围，从而降低内耗；④督促高校图书馆内成员尽自己的努力按照既定的目标与计划做好自己专职范围的工作。

（4）控制职能。控制是指根据既定目标不断跟踪和修正所采取的行为，使之朝着既定目标方向运作并实现预想的结果或业绩。由于现实行为往往会受到各种不确定性因素的影响，故每一行为都有可能偏离预定要求，从而可能使既定目标或业绩难以实现，显然这是高校图书馆所不愿看到的。为了防范这种状况的产生，控制就非常必要。通过实施控制这一职能，管理人员能够做到在高校图书馆偏离目标太远之前就将其纳入正确的轨道之内。

控制职能包括以下内容：①将实际效果与预测进行对比；②将已获得的结果与目标要求、项目要求和计划要求进行对比；③将实际成本与预算成本进行对比。

（5）评价职能。评价是指高校图书馆管理实施过程结束之后，根据管理的成效，对高校图书馆管理过程的各项活动进行全面的检查、比较、分析、论证和总结，从中得出规律性的启迪，以达到不断提高管理水平，取得更好的管理效益，实现管理良性循环的一项管理活动。高校图书馆管理过程结束之后，需要对其所获得的管理成绩和效果进行相应的评价，从中汲取经验和教训，为下一轮的管理循环提供依据，打好基础，以便不断提高高校图书馆管理工作的水平。因此，评价既是高校图书馆管理过程的归宿，又是高校图书馆管理过程的出发点。它对于加强高校图书馆管理工作，提高高校图书馆管理水平有着至关重要的作用。

## 二、高校图书馆读者服务工作的改进措施

"在高校中图书馆是文献信息中心，是学生接受教育和扩充知识储备的第二课堂，是以丰富形式向读者提供服务的重要场所。"[1] 高校图书馆的读者服务水平，在整个社会图书馆读者服务中应该属于较为先进的。为了满足高校读者的需求、顺应社会的发展趋势，高校图书馆的读者服务工作应该不断进行创新性发展，从而提高自身的服务水平。高校图书馆只有不断地寻求有效策略来改进自身的服务工作，才能够使读者更好地参与到高校图书馆的服务与管理中来。高校图书馆读者服务工作的改进措施如下：

### （一）树立"以人为本"的读者服务理念

对于高校图书馆的发展，我们不仅要加强图书馆的管理，还要重视馆内工作人员与时

① 周燕.优化高校图书馆读者服务建设的有效路径探索[J].湖北开放职业学院学报，2021，34（23）：126.

俱进思想观念的发展与提升，培养高校图书馆服务人员的创新能力，树立"以人为本"的服务理念，更好地为读者提供多元化、全方位的服务，要定期组织图书馆服务人员进行馆内业务培训、馆外考察学习，不断引进现代化管理技术，促进高校图书馆服务人员学会使用新思想、新科技，具备文献资源的数据信息分析和处理能力，引导他们不断开拓创新。

对于专业学科化服务，图书馆可以设立学科馆员，加强图书馆与高校各院系之间的沟通与联系，主动为读者提供精准推送服务，为高校的教学和科研提供延伸服务，不断优化自身的服务意识，打造一支技术水平高、工作能力强、职业素质优的图书馆管理团队，努力提升高校图书馆专业化的管理水平。

高校图书馆的读者服务平台的建设，不仅要关注线下服务，还要重视线上服务的优化。要推出图书馆"线上＋线下"的服务模式，以线下为主、线上为辅的服务策略，以读者为中心，为读者提供最高的人文关怀，尽最大可能满足广大读者的需求。对于线下服务，图书馆可以开展一定的书展、荐购和捐赠活动，不断丰富线下服务平台的服务内容。对于线上服务，高校图书馆可以推出线上选书和线上借阅功能，以此来方便读者借阅，使读者感受新媒体技术的便捷。线上服务还可以设立线上数字图书馆，为读者提供线上导读服务和咨询答疑服务，有针对性地解决读者在阅读过程中遇到的各种各样的难题，同时还可以征集读者意见和建议。随着读者阅读方式的转变，图书馆可以开设移动图书馆服务，读者利用手机等智能设备就可以享受阅读服务，使读者阅读不受时间、地点的影响，满足了读者碎片化阅读形式。通过线下服务和线上服务相结合，丰富高校图书馆文化发展，提高读者的需求满足感。

## （二）优化馆藏资源建设

现在高校图书馆应该把握发展机会，充分促进互联网技术与多媒体技术相结合，不断地提高高校图书馆的科技化服务水平，尽最大可能地采用新媒体技术去优化高校图书馆的文献资源建设，打好高校图书馆的服务基础。

高校图书馆应该及时地更新馆内文献资源，获取与社会发展最符合的、最前沿的图书资源，高度重视自身的智能化发展，把确保读者能够接触到最新的资讯作为馆内发展的重要目标之一。不仅如此，高校图书馆还应该多加通过不同种类的新媒体技术来促进馆内图书的多元化分类，充分利用现存的信息资源，借助科学服务发现模式的便利加快高校图书馆的管理结构建立。

高校图书馆要充分利用数据分析技术对文献资源进行多次开发、利用和整合，加强图书馆对不同读者进行精准内容推送服务，提高图书馆数字资源的利用率；不断丰富和拓展文献资料的收集途径，通过建立馆际互借、资源共享的图书馆联盟管理机制，来增加高校图书馆获取文献资源的渠道，实现馆藏资源利用率的最大化；加大特色图书馆资金投入和建设力度，建设具有地方特色的文献资源数据库，加强图书馆数据化建设，使用最新的新媒体技术保证线上图书馆优质、高效的发展，为读者提供有温度的个性化服务，不断丰富图书馆数字化馆藏资源建设，促使高校文献资源朝着丰富化、多元化、特色化方向发展。

## （三）升级高校读者的用户体验

高校图书馆的用户体验，可以通过搭建新媒体服务平台，明确图书馆的教育和服务职能定位，深度分析不同读者的需求行为，对图书馆的实体空间和网络空间实行创新性再造，自动化智能设备的使用，文献资源的有效获取，有温度的馆员服务等，这些都可以给读者带来较好的用户体验。

要想优化高校读者的用户体验，还需要高校图书馆做出更加贴心的服务，形成特色图书馆。

第一，充分发挥学生助理在图书馆和读者之间的衔接作用。学生助理在一定程度上也属于读者用户群体的一部分，他们不仅了解图书馆用户的实际需求，还明白图书馆服务人员工作的不易之处。充分培养学生助理群体，不仅锻炼了学生群体的服务能力，还为图书馆的人性化服务做出贡献，进而提升高校图书馆用户的体验感。

第二，区分图书馆读者的层次，丰富其多元化体验。一般来讲，高校图书馆服务的群众包括了教师、学生，还有员工和很多社会用户。对于刚进入学校的学生，或者不熟练利用图书馆资源的群体，图书馆服务人员应该注重引导服务；对于教师科研人员和一般读者用户这两种需求较大的人群，图书馆服务人员应该重视用户分层服务；对于不同种类知识领域的需求，图书馆服务人员应该加强重视日常的图书规划和分类工作。

第三，在了解及尊重受众阅读需求的前提下，丰富图书馆活动类型，让图书馆受众真正激发阅读主动性，同时利用新媒体加大特色图书馆的宣传力度，进行活动通知发布、活动设计征集、活动实施方案展示、活动效果评估等，充分调动读者参与图书馆建设，通过设立读者服务监督平台，做好读者信息反馈管理，对收集的数据进行统计和分析，以此来实现人性化的特色服务，增强不同种类用户的体验感。

## （四）重视读者信息的安全保护

获取读者的信任和依赖是高校图书馆发展的关键。因此，加强读者的信息安全保护就显得尤为重要。

第一，图书馆读者服务人员和平台，必须严格遵循信息保护政策。图书馆服务平台应该主动提升技术发展，引进和研发先进的保护技术，充分利用技术保护措施。

第二，图书馆服务应该注重图书馆信用体系建设，加强对读者个人信息、馆员信息、社会公众信息的有效引导，不断创新服务发展，满足用户的真实需求。除此之外，图书馆的服务人员应该定期地清理用户的采集数据等信息，提高对用户信息的隐私保护意识，降低用户隐私泄露的风险。

第三，图书馆应加强读者教育，通过举办专题讲座、文化参观、利用互联网宣传等多重方式来提升读者信息素养，使读者具备对信息的鉴别和筛选、分析和预判能力，学会自我保护。

第四，高校图书馆应该加强法律意识的宣传，提升图书馆服务人员的职业素养和道德素质，尽可能地保护高校读者的信息隐私和安全，为高校图书馆读者用户提供一个安全、可靠的阅读环境和阅读平台。

# 第二节　基层图书馆读者服务工作

基层图书馆是指县、乡、镇的图书馆，是县乡镇居民开展阅读活动，获得知识的重要场所。基层图书馆由文化服务组成，文化服务不仅仅体现在基层图书馆人员身上，更需要读者们的共同努力，营造良好的图书馆氛围。这样基层图书馆才可以更好地服务于民众，图书馆的建设才更有价值。

## 一、基层图书馆的定位与特点类型

### （一）基层图书馆的定位

基层图书馆管理人员在制订管理规划前，必须明确自身图书馆所处的社会环境，明确图书馆的发展定位。基层图书馆作为最基本的公共文化服务载体之一，旨在向乡镇、社区及农村居民提供保障性、普及型、基础性的阅读、文化、教育及信息服务，满足基层群众对知识、信息及相关文化活动日益增长的现实需求。

第一，基层群众终身学习的场所。图书馆是学校以外，民众的第二教室，尤其是教育资源相对匮乏的农村，基层图书馆可以成为民众终身学习的场所。基层图书馆可利用自身资源优势，通过图书借阅、讲座、展览、学习培训等知识服务对民众进行社会教育，向民众传递不断更新的知识，并培养人们终身学习的欲望和能力，使图书馆成为没有围墙的学校。

第二，基层群众的文化休闲中心。随着社会的不断发展、生活条件的不断改善，大众对精神文化生活也有了更多的需求，学习、休闲、娱乐成为人们生活的组成部分。社会环境和读者需求促使现代图书馆服务功能转变与拓展，图书馆成了公共文化空间，在这个空间里读者不再是单纯地希望能够获取信息和知识，而是更多地追求一种舒适安宁的文化氛围，通过休闲阅读、参加活动或仅仅是小憩以驱逐劳顿、安抚心灵。因此，基层图书馆也有责任为民众提供休闲服务，通过提供休闲类图书、营造休闲服务的环境、组织各种休闲阅读活动等方式，让民众能够在图书馆这个文化空间中放松身心、陶冶情操，从而获得心灵的满足和自我的提升。

第三，基层群众的信息查询中心。一直以来，基层图书馆也以丰富的信息资源以及计算机等设备担任基层群众的信息查询中心的角色。在知识信息爆炸的时代，图书馆的优势不仅在于它是知识信息的集散地，更在于它能够有效地组织和管理这些信息，方便群众查询和获取利用。因而，基层图书馆要根据服务范围内的读者需求特征有的放矢地搜集、组织信息，服务民众的生活、学习和工作。此外，基层图书馆要根据不同群体的个人素质、信息需求、信息能力等方面的差异，分别对少年儿童、老年等群体进行计算机使用、网络信息检索及获取的课程培训，帮助他们掌握基本的现代信息技能，适应信息社会环境。

第四，精神文明的建设和传播高地。基层图书馆既是精神家园也是精神文明的建设和传播高地。作为最贴近群众的图书馆，是社区、农村精神文明传播和建设的重要组成部分，对提高民众素质、促进社区和乡村发展有着十分重要的作用。除了丰富的书刊资源外，图书馆可以通过组织读书会、文化讲座、知识竞赛、书刊展览等活动，对基层群众进行爱国主义教育、传统文化教育、科学知识宣传和法律教育等，从而提高民众思想道德和科学文化素质水平，弘扬良好的社会风气，营造和谐的社区、农村氛围。

## （二）基层图书馆的特点

基层图书馆是通过对文献信息及其来源进行搜集、选择、加工，为居民提供就近使用的社区信息交流中心，它是普及文化知识和提高全民素质的直接、有效的途径。基层图书馆主要有以下三个特点：

第一，规模小，作用大。基层图书馆是我国图书馆事业最基础、最重要的部分。虽然藏书、服务人员远不能与省、市级图书馆相比，但其服务覆盖面广，服务形式多样。

第二，便利性强。基层图书馆通常就设在居民区内，或村庄的集中地，离居民最近，不需要交通工具就可以到达，比较方便。

第三，针对性强。基层图书馆是为整个居民区的老百姓服务的，因此在资源选择和馆舍布置等方面要根据居民区的特点，有针对性地进行。农村基层图书馆在书刊种类上一般以农民"读得懂、用得上"为标准来配置，报纸期刊一般以通俗娱乐类、农业信息类为主，图书主要围绕农村政策法律、农村公共管理与社会建设、农村实用科技与技能培训、农村卫生与医疗保健、育儿与少儿读物、文学精品与人物传记、农民看世界等方面。

### （三）基层图书馆的类型划分

我国基层图书馆主要包括以下三个类型：

#### 1. 县级图书馆

在我国，每个区（县）都应设置独立建制的公共图书馆，负责辖区内文献借阅以及相关公共文化服务。此外，还应通过资源共建共享的机制，大力推进书刊的联采联编，并组织开展辖区内的流动服务、从业人员的业务辅导等。

#### 2. 乡镇（街道）综合文化站图书室

乡镇（街道）综合文化站图书室，是一般由同级人民政府主办，或由社会力量捐资兴办，为街道居民提供教育、信息和文化休闲服务的小型图书馆。在城市，主要表现为街道文化站图书室；在农村，主要表现为乡镇综合文化站图书室。

乡镇包括乡和镇，泛指较小的市镇，为我国现行省、市、县、乡四级行政区划的第四级行政区划，是我国最基层的行政机构。乡镇图书室是由乡镇政府主办，单独设立或附设于地方综合性文化机构，向所辖乡镇公众开放的，具有文献信息资源搜集、整理、存储、传播和服务等功能的公益性文献信息服务机构。

社区图书馆一般是由区（县）级政府或街道居民委员会主办，或由社会力量捐资兴办，为社区居民提供教育、信息和文化休闲服务的小型图书馆。在我国，要按照服务人口数量确立社区图书馆的建设规模。社区图书馆基本馆藏文献资源包括图书、期刊、视听资料等；社区图书馆宜通过计算机网络共享中心图书馆的数字资源，如电子图书、电子期刊、电子报纸及其他各种数据库资源；社区图书馆藏书宜由中心图书馆统采统编，期刊、报纸可根据社区居民需求自行订购；社区图书馆宜纳入地区一体化服务体系，接受中心图书馆的业务辅导，依托中心图书馆服务网络和业务管理平台，通过协作与共享，联合开展各项服务工作。这里，中心图书馆是指在一定地域范围内，具有资源、技术及管理优势，在社区图书馆管理和服务过程中起核心骨干作用的图书馆。

### 3. 村（社区）综合文化活动中心

村（社区）综合文化活动中心是公共图书馆服务体系的末梢组织，这一层次的服务点不仅数量庞大，而且直接覆盖面广、人口众多，是保证实现"普遍均等"服务的重要建设指标。当前，在公共图书馆服务体系建设中，省级图书馆、市级图书馆和县级图书馆都得到了快速发展。

## 二、基层图书馆服务体系

基层图书馆服务体系由所有实体图书馆、流动图书馆、总分馆系统、各类图书馆服务点、图书馆联盟以及全国性或区域性服务网络等组成，从内容上包括政策法律、服务主体、服务对象、服务组织、服务方式、服务网络等，从形态上包括图书馆系统、图书馆联盟等组织和跨组织的各种服务平台等，从服务空间上包括物理空间与虚拟空间等。

### （一）基层图书馆服务的层级

#### 1. 区（县）图书馆

城市基层公共图书馆主要是指街道、社区图书馆，在特大型城市和省会城市，一般包括街道、社区图书馆，职工书屋，城市书吧以及大型图书馆在城市街区设立的流动服务站；而在中小型城市，基层图书馆包括区级图书馆及所辖的镇、街图书馆，形成两级基层公共图书馆服务网络。

城市基层公共图书馆可以作为城市中心图书馆的分馆或延伸，以服务为主要任务。其主要服务内容有：为市民提供阅读服务；为市民提供社会教育与终身学习服务；为市民提供就业指导和技能培训服务；为市民提供政务信息服务；为市民提供社区信息服务；为市民提供文化休闲服务等。

#### 2. 乡镇（街道）综合文化站图书馆和村（社区）综合文化活动中心

乡镇（街道）综合文化站图书馆和村（社区）综合文化活动中心的服务对象主要是农村人口（包括农村集镇人口）。农村，又称为农村社会区域共同体，是指在特定的自然区域内，由各种主要从事农业生产活动的密集人口组成的社会。乡镇（街道）综合文化站图书室和村（社区）综合文化活动中心以县图书馆为中心，形成覆盖广大农村地区的服务网络。

乡镇（街道）综合文化站图书馆和村（社区）综合文化活动中心的服务内容主要有：加强农村图书外借与阅读引导；为农民开展扫盲服务；培养农民信息技术能力；开展"三农"咨询服务；提供托幼与课后辅导服务；搜集和发布农业科技信息；举办农业技术及其

他各种培训活动；丰富农民文化生活等。

## （二）基层图书馆服务的形态

第一，实体图书馆。基层图书馆的实体形态是指以图书馆建筑设施为主要表征，包括图书馆独立馆舍、普通建筑中的图书馆阅览室等。

第二，汽车图书馆。基层图书馆通过汽车形式，将流动服务向社区和乡镇延伸，定期为读者提供巡回流动服务，也称为流动图书馆。

第三，手机图书馆。基层图书馆通过手机信息载体为读者提供各类图书馆服务，也是电信网、互联网、广电网三网融合呈现出的公共图书馆服务新技术。手机图书馆具有丰富的功能，手机阅读服务包括：用户可以按兴趣订阅、下载、导入、阅读图书馆的数字资源，并可以定期进行下载更新，对订阅的内容进行分类、排序，并在阅读过程中进行查找、页面跳转以及添加书签、批注、加亮、画线等笔记操作；图书馆可以对用户进行注册管理、用户利用统计、阅读推荐、阅读指导等。

第四，自助图书馆。随着无线射频识别技术的应用，在图书馆自助借还书系统的基础上，自助图书馆迅速发展。图书馆采用高频智能管理系统，实现了 24 小时城市街区自助借还书。

第五，电视图书馆。随着电视网络的发展，基层图书馆可利用电视网络平台开展服务。数字电视是采用数字技术处理电视节目的采集、制作、编辑、播出、传输、接收的全过程，具有比传统电视模拟信号更高的声音和图像质量，信号损失小、接收效果好等特点。利用数字电视开展图书馆信息服务的主要形式有：①有线电视和数字电视模式；②交互式网络电视（IPTV）模式；③数字电视模式。在有线数字电视中开设相关频道，通过高清机顶盒，以互动方式，选择阅读数字书刊和讲座等视频节目，为公众提供服务。目前，这些形式在我国农村乡镇文化建设和图书馆服务中已发挥了重要作用。

## （三）基层图书馆服务的要素

### 1. 基层图书馆的政策法律

政策法律要素包括：①直接的政策法律体系，是指国家和地区制定专门的基层公共图书馆政策和法律；②间接的法律体系，是指与基层图书馆相关的国家和地区文化政策法律体系，主要包括法律法规，具体包括国家法律、行政法规、文化相关部委制定和发布的部门规章以及政府的规范性、指导性文件。国家和地区的文化政策法律确定了整个文化事业的原则和走向，是基层图书馆乃至整个基层文化事业开展日常工作的重要依据之一。

### 2. 基层图书馆的管理机构

基层图书馆管理机构是指负责图书馆建设与管理的政府部门或其他组织。在城市，社区图书馆一般由所在社区、街道居民委员会或相关组织具体负责，也有由上一级行政主管部门或上一级图书馆具体负责的。在农村，县、乡镇图书馆分别由县级人民政府和乡镇人民政府具体负责，村图书馆则由村委会负责。

### 3. 基层图书馆的主体构成

从基层图书馆服务体系构建的角度来看，其服务主体众多，相互联系，形成一个体系。除了各类基层图书馆，还包括农家书屋、职工书屋、城市书吧以及其他提供公共服务的民间图书馆。此外，一些基层文化机构如文化馆、综合文化站、纪念馆等，也会参与到基层图书馆服务中，成为辅助支持的服务主体。

### 4. 基层图书馆的服务对象

基层图书馆服务对象包括所有公众。由于基层图书馆离城市小区居民或农村乡镇居民较近，使用便利，其服务对象更表现出大众化和多样化的特点。基层图书馆发展服务对象，要注重培养少年少儿的阅读习惯，并努力满足残疾人、老年人、进城务工者、农村和偏远地区公众等的特殊需求。在多文化社区和少数民族地区，基层图书馆需要考虑来自不同文化的居民需要和少数民族居民的特殊需要。

### 5. 基层图书馆的服务设施

公共文化体育设施是指由各级人民政府或者社会力量举办的，向公众开放，用于开展文化体育活动的公益性的图书馆、博物馆、纪念馆、美术馆、文化馆（站）、体育场（馆）、青少年宫、工人文化宫等建筑物、场地和设备。对基层图书馆来说，服务设施是图书馆开展服务的硬件条件和依托的资源与手段，主要有馆舍，阅览室或阅览区，阅览桌椅、书架、报刊架等，计算机及网络设备以及其他相关设施。

### 6. 基层图书馆的服务方式

基层图书馆有多种服务方式，常见的有：阅览、书刊外借、馆际互借、检索、咨询、复印、流动车、培训讲座、展览、阅读推广活动等。

### 7. 基层图书馆的服务网络

公共图书馆服务体系是构建现代公共文化服务体系的重要内容，是一个子体系。构建现代公共文化服务体系的重要内容是基本公共文化服务的标准化、均等化，以保障人民群众看电视、听广播、读书看报、进行公共文化鉴赏、参与公共文化活动等基本文化权益为主要内容，通过明确设施建设、管理服务、评估考核的标准，确保人民群众享有基本公共文化服务的权利均等、机会均等、结果均等。

### （四）基层图书馆读者服务工作的创新策略

1. 贯彻落实"以人为本"的服务理念

（1）图书馆的管理应该面向群众。在管理工作中，要树立"以人为本"的坚实理念，进行人性化管理，积极调动图书管理员的主动性，促进馆员之间的凝聚性，让馆员全身心投入到工作中。在服务层面，树立"以读者为中心"的理念，提供舒适的阅读环境，满足读者的需求。

（2）打造良好的团队精神。①图书馆应该改变僵化的领导，在灵活的领导下，建立信任和理解的氛围，形成一个和谐、轻松的工作气氛，上级和下属，以及同事间要团结与合作，让每个人都能在轻松和谐的环境中充分发挥自己的才能；②管理者要注重团队精神，加强人员间的相互依存与合作，在图书馆的组织系统中要有积极的团队精神。

2. 贯彻创新服务工作

（1）做好图书馆内基本工作。在图书馆的工作中，重要的是为读者服务，这也是图书馆得以生存的基础。满足读者的刚需，提供完美的服务是图书馆的重要工作内容。满足读者，读者至上是图书馆服务读者的最高准则。面对弱势群体，图书馆更应该积极面对，帮助弱势群体建立良好的阅读环境，提供应有的热心服务。

（2）合作共享，建设数据库共享。图书馆应积极参与国内外文献资源建设的馆际合作，实现资源共享。共同整合、共同研发、共同享用，可以将技术、资金、人力等进行资源整合，实现互利共赢。各类院校图书馆可以整合教育相关数字资源，联合开发图书数据库；各个高校图书馆可以与本地图书馆合作，资源共享，创造更具特色的数据库。这样才能创造良好的经济效益和社会效益。

（3）图书馆可举办报纸阅览专栏活动。图书馆对大众社会的教育意义是不言而喻的。报纸阅读专栏陈列于图书馆显眼位置，管理人员每天分配并取换报纸，以便读者来到图书馆，可以得到来自全国，甚至全世界最新信息。

（4）完善线上读者服务工作。

第一，灵活应用信息技术展开信息系统检索服务。基层图书馆应该肩负起对国内外文献资源信息系统的筛选、组合、编排等职责，并在原有国内外文献资源的基石上实行深度加工、分级检索，研制出实用的文献信息服务，开设线上读者服务专栏，由于信息技术的应用需要投入较多的人力、财力、物资，图书馆读者服务人员需要结合信息化功能，提高自身的工作效率。

第二，基层图书馆还须进行线上阅读业务的创新。由于现代信息技术已经广泛应用到各行各业，信息的传递更加简单、迅速，所以，我们可以将图书馆的信息服务、引导工作以及文献流通预约等服务工作，利用两微一端[①]进行宣传。创新内容可以具体到图书馆公众号的运营策略。两微一端有容量大、及时性强、易于编辑、相互联动、不受空间的约束等优点，是图书馆读者服务工作人员与读者进行交谈、沟通的载体。尽管在虚构的情景里展开，但也达到了较好的成效。

### 3. 加快建设馆藏资源

为了确保图书馆内各项工作的有序进行，图书馆应该先建立馆藏资源，为社会各类人士提供有效阅读选择。在图书馆内不仅可以促进读者知识的交流，还可以在经济可控的范围内，实现馆内各项资源的丰富。在当今全球信息化背后，不断完善数字资源的整合是重点工作。加强数字资源建设是重中之重，在这个阶段，在大多数图书馆数字资源教育平台实现数字资源的交流和共享。让图书馆可以最大限度地满足各类读者日益增长的阅读需求，从而推动图书馆工作的良好运作。

### 4. 提高与加强基层图书馆工作人员的素养与技能培养

图书馆的工作人员必须拥有良好的三观，更要具备职业道德和职业素养，有大局意识，要有奉献感和责任感，明确读者在首要位置的思想。具体措施如下：

（1）加强图书馆管理人员的思想政治教育。在当今信息时代下，思想政治教育对于我们来说具有很重要的意义。图书馆管理人员可以帮助读者阅读一些积极向上的书籍，从而提高读者的思想道德素质。图书馆工作人员的一言一行不仅仅代表个人，更代表整个图书馆，对于读者来说有更好的带头作用。因此，要加强图书馆工作人员的思想政治觉悟，让工作人员充分认识党的领导方针和策略；融会贯通，在耳濡目染中进一步提高读者的思想政治觉悟，有效促进我国社会精神文明的大力建设。

（2）树立图书馆管理人员的市场导向及精品意识。基层图书馆的信息管理业务是一项市场经济活动，所以图书馆就应该培养读者服务工作人员市场经济意识，从多方调研和预测信息市场变化，并精心进行信息技术应用研发与市场情况调研。①分析应用需要，以市场为导向，积极地、形式多样地把信息产品传播给读者，以适应实际需要。而市场经济

---

① 两微一端是指微博、微信及手机客户端。

就是读者至上为理念的图书馆，唯有实现文献信息内容适销对路、品质第一位、售后服务第一位，才能有旺盛的生机。②读者服务工作人员需要树立精品意识。所以，图书馆等信息内容服务行业要想在剧烈的信息竞争中求生存、讲发展，就应该去生产和收录高质量的信息，完成精品信息业务。

（3）建立职业道德和健全合理的奖惩制度。在新图书馆开馆之前，做好馆内工作人员的培训工作，让工作人员熟悉馆内各项工作规章制度、岗位要求，建立健全工作人员的奖惩制度，合理有效地增强同事之间的竞争性、效率性、意识性和独立性。通过这一类工作制度，提高工作人员的素质。各个阶层、各种文化程度的读者都会到公共图书馆收集资料，公共图书馆可以设置若干特定的读者服务人员，专门为读者宣传图书资料，引导读者阅览，并设置完备的服务体系，在读者和公共图书馆工作者间搭建起友好的桥梁，和读者沟通资料信息，赢得读者的喜爱。在知识经济时期，读者对知识的渴望越来越强，希望掌握的知识面也愈来愈宽。但是，原来的公共图书馆业务形态早已无法适应广大读者的需要了，这就要求公共图书馆必须开展相关新业务，建立职业道德和健全奖惩制度，促进读者服务人员满足广大读者需求。

（4）加强图书馆情报专业知识和技能的培养迫在眉睫。基层图书馆可以践行岗位招聘和岗位流动。践行过程不论年龄、不论资历，只要你足够优秀，就可以公平竞争，择优上岗，签署各级责任书，明确工作目标。之前做什么都没关系，都将按现在的岗位获取报酬。

基层图书馆服务工作有序开展还需要读者的配合，因此，需要做好对读者引导教育工作。读者对公共图书馆的利用率低，主要还是在于他们对图书馆价值功能的认识不够，服务人员应该加强读者对公共图书馆所提供的资源和服务内容的了解。教育引导读者知道如何通过网络搜索、查找来获取相关资料、文献等信息，以及搜索中如何借助图书馆提供的服务来解决问题，以此充分利用资源和服务。同时也要提高读者的使用信息意识，提高读者的信息内容搜集能力。

# 第三节　少儿图书馆读者服务工作

## 一、少儿图书馆读者服务工作的积极影响

### （一）提高知识信息的传播效率

网络化的普及，使知识和信息传播的壁垒和限制被打破，世界各个角落的人们通过互

联网进行信息的传递，方便了学习、金融、贸易各个领域的运行，使每一位用户都可以通过互联网进行信息交流，利用虚拟的信息环境获取自己需要的信息化碎片。

"阅读是少儿了解世界、丰富认知、提高能力的重要渠道。"[①]少儿阅读的普及和推广是一项系统工程，需要全社会各界力量的相互合作和共同参与。现代少儿图书馆当中，管理人员可以将图书馆的藏书信息、每日人流量、图书借阅损耗情况等信息以数据的形式导入网络管理系统，管理人员只要将自己的计算机接入互联网，就可以通过网络系统获取外界信息，以用户的需求为核心技术点，加速信息的处理速度。网络设备的加入，使现代少儿图书馆拥有更加先进的管理技术和管理方式，提高了知识信息的传播效率，方便图书管理人员改进工作方法，面向少儿读者提供更加优质的图书资源。

### （二）拓展读者服务的范围

在网络环境之下，少儿图书馆的读者服务工作范围被拓宽。一方面，网络时代到来，计算机已经走进了千家万户，城市少儿图书馆当中的书籍和资料也开始呈现出电子化的表现形式，方便了读者的阅读服务，这就在很大程度上方便了少儿读者进行书籍搜索和浏览。很多图片和色彩都可以通过信息网络设备展现在读者眼前，这对于年龄尚小的儿童来说非常具有吸引力，使他们可以更好地进入阅读状态。另一方面，在少儿图书馆的日常管理工作当中，网络化设备的加入使得工作人员的工作压力减小，少儿读者可以利用网络设备进行电子借阅、还书、借阅证办理、充值等各项程序，免去了排队办理的麻烦，节约了读者和工作人员的时间。因此现代少儿图书馆大多数都建设了信息化的网络管理系统，拥有自己的网站，网站上导入了可借阅的藏书资源，开辟了专门的读者服务窗口，这些变化就表明了现代少儿图书馆在网络时代的环境影响之下，开始与时俱进，不断更新自身的读者服务管理方式。

## 二、建设电子阅览室，促进服务多样化

电子阅览室以信息网络为基础，人们利用电子阅览技术能够更快捷地获取图书信息，相比于以往的纸质图书具有环保、高效的优势。加强少儿图书馆电子阅览室的管理，才能真正使电子阅览室对于少年儿童发挥出积极作用。

作为儿童图书馆应当深刻认识到自身承担的时代使命，利用好网络环境的技术优势，为少年儿童提供良好的电子信息阅览服务。少儿图书馆的读者服务工作也必须在意识上充

---

① 李红. 公共图书馆少儿阅读推广实践探索——以天津图书馆"月亮姐姐讲故事"为例 [J]. 图书馆工作与研究，2018（S1）：185.

分认识到电子阅览室对于少年儿童服务和管理的重要意义，发挥自身的岗位职能，积极对来访的少年儿童提供正确引导，鼓励他们摄取对自身成长有利的优质信息，自觉抵制不良信息的接触和摄取。

有条件的电子阅览室还可以针对本市少年儿童的浏览习惯和认知水平，建设优质的学习系统，以帮助少年儿童在电子阅览室当中能够吸取到自身所需要的养分，发挥少儿图书馆的服务价值。少年读者在电子阅览室当中可以更好地借助信息网络的优势完成课堂作业，也可以通过网站的浏览学习使用各种信息化软件。针对低龄阶段的儿童，电子阅览室也可以安装一些益智游戏或者储存一些适合儿童观看的影视作品，帮助他们在学习之余放松身心。

## 三、开展少儿阅读推广活动

全民阅读的实施，需要从少年儿童的阅读抓起，培养少年从小养成爱读书、爱看书的良好习惯是少儿图书馆成立的初衷。因此，少儿图书馆为了促进自身的作用得到充分的发挥，需要切实注重少儿阅读推广活动的构建，为少年儿童这类特定的读者群体提供个性化阅读推广服务。

### （一）图书馆少儿阅读推广的要素

图书馆面向少儿开展阅读推广和服务，包括符合少儿身心发展特征的空间及硬件设备、丰富合理的读物收藏及科学的选择利用方法、灵活多样的服务方式、具备专业素质的少儿图书馆员、充足的经费、与家长或其他机构开展广泛合作等。缺少任何一个环节，阅读推广和服务都难以有效开展。

图书馆开展少儿阅读推广和服务的关键点有两个：①少儿阅读物的收藏，这是图书馆提供服务的基础，没有丰富的馆藏，任何服务都难以实现；②图书馆里以阅读为中心的各种活动，如讲故事活动、共读一本书、暑期阅读等。由于少儿阅读时的独立性差，需要成人的帮助和引导，因此各种专门为少儿设计的图书馆活动是图书馆向少儿提供服务、推动其阅读的主要形式。

#### 1. 专门的少儿阅读馆藏

馆藏资源是图书馆开展服务所凭借的知识内容及表现形式，是图书馆开展服务的基础，是评价图书馆服务质量高低最直接也是最重要的因素。图书馆要保证或提高服务质量，首先要具备高质量的馆藏资源，面向少儿的阅读推广和服务也是如此。

由于少儿的年龄层次有一定的跨越，不同发展阶段孩子的生理心理特点、阅读习惯、阅读能力都不尽相同，因此他们的阅读喜好和倾向也具有不同特点。图书馆馆藏少儿读物要做到种类丰富、数量充足，才能使每个孩子都能找到适合自己的少儿读物。

在读物的类型方面，如按读物的内容和作用来看，少儿读物可以分为启蒙读物、思想品德教育读物、科普读物、卡通读物、文学读物等；按读物的载体类型，可以大略分为传统纸质读物和多媒体读物两种；若按出版行业策划以及书店陈列少儿读物的方式来看，则可以分为少儿英语、游戏益智、少儿艺术、科普百科、卡通漫画、少儿古典读物、低幼启蒙等类型；另外，还可以按体裁将少儿读物分为非虚构和虚构两大类，前者指内容完全有事实根据可循的信息类图书，后者又可以进一步划分为小说、图画故事、童话、寓言、童谣、诗歌、戏剧、散文等类型。图书馆在进行少儿读物馆藏建设时要尽量做到涵盖适合各个年龄段少儿阅读的各种类型。

在进行馆藏建设时，还要注意考虑读物所面向的具体年龄段。因为少儿处于不同年龄段的时候，其阅读兴趣和能力都存在差异，因此选书的时候要以年龄段为依据，考虑到不同年龄段层次的读者需求。任何两种读物，即使有着完全相同的主题，若面向的年龄段不同，那么它们在文字、图画、装帧设计等方面都会有所区别。甚至有的读物类型，从理论上讲就有着明确的适合的年龄段。像民间故事、神话一般是以学龄少儿为目标的，而童谣和少儿图画书则一般是为低幼学前少儿设计的。

图书馆员在选择少儿读物时，有一些方法或工具可依据。比如：馆员可以主动与孩子交流、积极回答孩子的咨询，由此了解孩子到底喜欢什么样的读物；馆员可以鼓励孩子以及他们的家长向图书馆推荐他们喜爱的读物；馆员还可以随时关注那些知名的少儿图书出版社的最新动态以及网络上的各种少儿图书排行榜，把握少儿读物的最新发展。

### 2. 良好的少儿阅读环境

良好的阅读环境包含两个内容，即阅读的空间环境和人文氛围。空间环境作为情绪的刺激因素，直接影响着少儿的情感体验。由于少儿情感带有直观具象性，与认知活动密切联系，因此，光线明亮、宁静安逸的空间和符合少儿生理与心理特点的空间布局、色彩设计与阅读设备是开展阅读服务的基本保障。图书馆少儿阅读服务要充分体现"人本位"的思想，把藏、借、阅融为一体，在空间、布局、装饰等方面力求符合少儿的心理和审美特点，力求和谐、自然、美观、舒适，体现童趣、情趣和文化氛围。

为了吸引少儿到阅览室来看书，图书馆可以建立多功能、多门类的阅览室，并根据不同年龄段少儿的特点，对阅览室进行不同的环境设计。低幼阅览室的墙上可装饰五颜六色的鲜花、翠绿的小草、飞舞的蝴蝶，这都会让孩子感到一种天然的亲和力。为孩子们准备的桌椅不仅高度、色彩要量身定制，还要考虑多样性和舒适度，让孩子们在这里享受充分的自由。无须语言诱导和费心劝说，孩子们就会自然融入这个环境。

阅读活动的人文氛围是指能吸引少儿的、富有人性化的共读气氛。尤其是少儿，他们通常喜欢跟亲近的成人交流互动，并且由此产生愉快的情感体验。因此，馆员和蔼可亲的形象以及与少儿亲密无间的互动是开展阅读服务的重要保障。图书馆应通过改变自己现行的一些规章制度和工作态度，尽量减少对孩子们的限制和束缚，真正让孩子放松身心快乐阅读。

对少儿来讲，图书馆员既应该是服务者、合作者，同时又是孩子们的朋友和伙伴。由于少儿大多不具备独立的阅读能力，常常由家长陪同来图书馆选书或参加阅读活动，因此最好设置一些亲子共读区域，为家长和孩子进行亲子阅读提供一个独立的空间。条件允许的话，还应该为陪同孩子来馆的成人专门留出一些休息或读书的区域，供他们在等候孩子或者自己阅读时使用。当然，年龄稍大一些的少儿，还有在一起进行集体讨论、学习或游戏的需要，因此图书馆应该为他们设计具有这种功能的空间，以满足这一类型小群体的需求。

在图书的陈列和排架方式上，图书馆还可以打破传统排架方式，根据少儿的心理特点进行陈列；还可以按照学龄少儿的年级来进行陈列，比如学前区、小学低段区、小学高段区等，使少年儿童和家长哪怕初次进入图书馆也能轻而易举地找到自己需要和喜欢的图书。图书架的质量要好，安全、结实并且适合少儿使用；书架的高度要适合少儿，图画书、硬板书等最好将封面朝外进行展示和陈列，以此吸引少儿和家长的注意力。

图书馆可以做的还有很多，比如，可以利用阅览室有限的空间展示更多的图书，可以有意地把一些好书重点推介而又装作很无意地让孩子们看到，甚至可以改变书目查询系统中对少儿图书的描述方式。其实，图书馆可以改变从而迎合少儿兴趣和能力的做法有很多，最重要的是如何开动脑筋、投入热情，用馆员的双手在每个细节上优化少儿的整体阅读环境。

### 3. 专业的馆员

在图书馆少儿阅读推广和服务的诸多要素中，图书馆员是一个核心因素。尚不具备独立阅读能力的少儿能够与图书、阅读联系在一起，正是依靠少儿图书馆员专业的知识、综合的能力及良好的个性特质来实现的。面向少儿提供服务的图书馆员应该具备以下方面的素养：

（1）对用户群体的了解：①学习有关婴儿、少儿、青少年学习和发展的理论，并了解它们对于图书馆服务的启示；②认识社会发展对于少儿需求的影响；③对少儿群体的多样化需求、偏好、可以利用的资源进行定期、系统的评价；④理解并尊重文化及种族的多样性；⑤理解并支持使用少儿部门资源的家长、保姆以及其他成人的需求；⑥创造一个充满乐趣、方便访问和使用图书馆资源的环境；⑦与社区中为少儿提供服务的其他机构、组织保持经常性的交流。

（2）对材料的理解：①有着对于少儿文学、期刊、视听材料、网站和其他电子媒体以及其他有助于构建一个多样、通用、切题的少儿读物收藏的相关知识和鉴赏判断力；②利用广泛、多样的电子资源、视听材料、印刷材料以及其他材料为少儿及其照顾人提供最好的服务；③通过参考各种评论性资源和各种出版目录、参加专业性会议，阅读、思考、倾听，了解少儿读物的最新发展情况以及那些用于回顾性购买的读物；④了解那些满足少儿及其照顾人需求的最新的电子及印刷参考资源；⑤根据馆藏发展及馆藏剔旧政策对材料进行选择和剔旧；⑥保持馆藏的多样性，认识到少儿需要在读物中看到与他们相似及不同的人物；⑦了解少儿读物内容和艺术价值的评价标准，并运用这些标准对各种体裁和格式的少儿读物进行评价；⑧识别那些对公众有害的读物；⑨了解少儿读物的编目、分类、索引程序和实践，以方便用户对于少儿读物的使用。

（3）行政管理技能：①参与图书馆少儿服务策划过程的所有方面；②分别设定长期和短期目标、战略计划以及需要优先考虑的事情；③分析图书馆少儿服务的成本，以便制定、争取、支配、管理、评价经费预算；④对面向少儿、少儿父母或其他照顾人提供服务的图书馆员进行工作面试、培训及评价；⑤为向少儿提供服务的图书馆工作人员提供工作职位描述并鼓励他们接受继续教育；⑥批判性思考、解决问题、做出决定以及进行调解的技能；⑦善于用人，对员工进行建设性的监督管理；⑧通过多种研究方法来记录并评价用户需求和服务；⑨了解图书馆服务的外部资金来源，写作有效的资金申请；⑩遵守相关法律法规来制定和实施图书馆的政策方针。

（4）交流技能：①向图书馆管理人员、其他员工以及更大范围的公众解释、传达公共图书馆少儿服务的职责和范围；②在与少儿、少儿的家庭、其他图书馆用户、其他馆员进行交谈时，要积极地倾听和互动，对于所交流的内容给予真心的关注，以确保能够正确理解；③精通写作，调整写作的内容和风格来适应不同的职责和读者；④在面对规模大小不同的少儿及成人群体时能够进行有效的交流；⑤向读者提供正式或非正式的、丰富的阅读推荐和读者咨询会谈；⑥向所有年龄段读者成功地传达图书馆的政策和程序。

（5）用户和参考咨询服务：①指导少儿使用图书馆的工具和资源，允许他们独立地选择读物和各种服务；②组织参考咨询或读者咨询会谈，根据少儿及其父母或其他照顾人的兴趣和能力，帮助他们鉴定和选择读物和图书馆服务；③尊重任何年龄的读者随意翻阅的权利，并对他们的提问进行客观的解答；④帮助和指导少儿的信息搜集和研究技能；⑤了解并运用搜索策略来为少儿提供最广范围的资源；⑥搜集和保存有关社区资源的信息；⑦熟悉图书馆的编目、分类、索引等技术服务，确保少儿方便地使用各种资源；⑧鼓励少儿通过书目、图书讨论、情境表演、电子文件以及其他的特殊工具来使用图书馆的资源和服务。

（6）项目活动技能：①根据各个年龄段少儿的发展需求和兴趣以及图书馆的目标来设计、筹划、实施、评价各种少儿项目和活动；②挑选并安排有能力的人来实施项目；③提供符合公众需求和图书馆发展目标的图书馆延伸项目和活动；④面向少儿家长、提供少儿护理的个人和机构、社区中其他与少儿一起工作的专业人士提供相关的活动和服务；⑤推动图书馆活动和服务向那些没享受到服务的少儿和家庭延伸。

（7）与公众联系以及合作的技能：①利用各种技能和媒介来有效推动公众认识到少儿对于图书馆和信息的需求，并鼓励公众帮助少儿来实现这种需求；②在发展和评价图书馆服务的过程中切实考虑到少儿自身的需要、意见和要求；③与向少儿提供服务的其他机构合作，包括其他图书馆、学校以及其他社会机构；④代表少儿利益在图书馆管理层及政治议程中进行游说，为少儿争取最高质量的图书馆服务。

（8）职业精神和职业发展：①继承前辈少儿图书馆员的遗风，承认少儿图书馆员职业在整个图书馆员职业中的地位以及它对整个职业的贡献；②了解图书馆、少儿发展、教育以及其他相关领域内的最新发展趋势、新出现的技术、问题及研究状况；③进行自我评价；④为用户保密；⑤指导和帮助图书馆学专业的学生、图书馆中辅助专职人员的人以及新的图书馆员；⑥参加地区及全国范围的专业组织来增强技能、增加与专业同行的交流、推动专业合作并为图书馆事业做出贡献；⑦在职业生涯中追求职业发展和继续教育的机会。

### 4. 丰富的少儿阅读服务与活动

图书馆只通过提供馆藏借阅，不足以达到阅读推广的最佳效果。在普通的借阅服务之外，图书馆还应该围绕阅读开展丰富多彩、各种形式的活动。从宏观上看，各图书馆之间应该通力合作，共同开展一些大型的阅读推广活动，从整体上增强图书馆在少儿阅读推广中的影响力。从微观上看，每个图书馆应通过定期、有规律地开展讲故事、亲子阅读、共读一本书、读书讨论会、暑期阅读等活动，在轻松愉悦的环境中，通过寓教于乐的方式来培养少儿对于图书和阅读的喜爱。

归纳起来，图书馆的少儿阅读推广活动有以下几种类型：

（1）阅读奖励活动。对孩子的阅读行为进行鼓励，可以有多种形式，如采用阅读护照、阅读心得记载、阅读记录表或到馆次数记载等，鼓励孩子在一个时间段内的阅读数量或积分达到一定的程度，图书馆就为其提供一定的精神或物质奖励。

（2）图书馆意识培养活动。图书馆意识是图书馆和图书馆活动在少儿头脑中的反映，是少儿对图书馆的认识态度和价值取向，可以理解为少儿对图书馆有需求时，能有意识地想到图书馆，进而自觉地、主动地利用图书馆。少儿阅读推广，做好图书馆意识宣传与教育十分重要。图书馆可以丰富多彩的形式介绍图书馆，吸引少儿来到图书馆，甚至不求所有但求所在，如开展"图书馆之旅"活动、集体参观图书馆活动，甚至单纯的少儿文艺表演、少儿游戏活动等，力图以少儿感兴趣的方式把他们吸引到图书馆来，并建立对图书馆的感性认识，为以后利用图书馆打下基础。

（3）以促进阅读为目的的趣味活动。图书馆可以围绕阅读开展多种形式的趣味活动，让阅读更加充满童趣。比如故事会，可以是大人讲少儿听，也可以是少儿自己讲；再如各种形式的人物扮演活动，让少儿把书中的内容演出来，像小剧场、绘本电影院等；也可通过其他形式让少儿表现阅读内容，如手抄报制作比赛、演讲比赛、绘画、知识竞赛等。

（4）阅读交流活动。包括少儿与少儿、少儿与大人、大人与大人、读者与作者之间关于阅读内容和阅读心得的各种交流和讨论。让孩子接触书籍并展开讨论，讨论的目的在于鼓励孩子将自己的思考焦点表达出来，然后与同伴、老师、作家等交换意见。孩子不仅学会了边阅读边思考，学会了倾听他人意见，还培养了思辨能力和民主意识。关注少儿阅读的专家、学者，重视少儿阅读习惯培养的家长、老师，喜爱阅读的少儿本人，都会在阅读过程中积累一些独到的经验，图书馆组织相关人员现身说法，介绍各自的读书绝招和秘籍，会令一些迷茫者、徘徊者茅塞顿开，眼前出现一个崭新的世界。"书话会"、读书讨论会、作者见面会，甚至工作人员与父母或少儿的随意交谈都可以成为少儿阅读推广的良机。

（5）建立各种读书组织。如各种主题的少儿读书会、亲子读书会、社区读书会、读书俱乐部、阅读夏令营等，通过制定一定的入会章程、操作方法，把具有相同阅读爱好的人组织起来，通过读书会领导人有意识的引导，引导大家共同开展阅读活动。

（6）图书的交换与盘活活动。如开辟渠道，让小读者把看过的、闲置在家的书存入"银行"或者举办交换活动，这样既可以物尽其用，减少浪费，又能把自己喜爱的图书推荐给同伴，一举多得。

通过开展丰富多彩的读书活动，少儿不仅感受到阅读的愉悦，还能对阅读产生一定的情感意向，少儿有了一定的阅读兴趣，就会对阅读活动表现出肯定的情绪，就会主动去开阔眼界、寻求新的知识。在实际情况下，一场针对少儿的阅读活动可以穿插讲故事、图书推荐、唱歌、舞蹈、手工、发奖等多种形式，以期获得良好效果。

### 5. 少儿阅读推广合作网络

图书馆少儿阅读推广是一项社会系统工程，并非凭一人之力就能办到。图书馆加强延伸服务，充分发挥在少儿阅读推广中的作用，缺少不了与各种社会机构及个人的通力合作。

（1）与父母合作。作为孩子的第一任老师，父母在孩子成长的过程中对孩子产生的影响是最大的。图书馆在进行少儿阅读推广时，应该主动与少儿的家长沟通，适当了解他们的经济状况、受教育背景、亲子阅读开展情况、对图书馆的利用和需求等，向他们宣传构建家庭藏书并经常进行亲子阅读的重要性，教他们与孩子分享图书的技巧和方法，并尽量向他们提供一些精心制作的推荐书目和体现不同年龄段少儿特征的早期读写示例活动，鼓励他们在家庭中有意识地进行亲子读写活动，最大限度地促进少儿阅读兴趣和能力的发展。

图书馆除了直接面向少儿及其家长开展阅读活动之外，如能在馆外延伸服务中进一步将阅读活动的方法教授给家长，使家长将活动延续到家庭的日常生活中，必将大大增加阅读推广的覆盖范围并增强效果。

（2）与学校合作。要与幼儿园、中小学进行合作。作为整个教育体系的基础，幼儿园和中小学能够解除家庭在培养少儿过程中所受时间、空间、环境的制约，使少儿的身体、智力等得以健康发展。老师与少儿在一起的时间，甚至会超过家长与少儿在一起的时间，因此，他们也在少儿的阅读发展中有着重要的影响，图书馆应该主动与学校和教师进行合作。目前，我国部分图书馆已经充分认识到学校和教师在推动少儿阅读中的重要性，吸引教师带少儿到图书馆开展或参加活动，或在学校建立图书流通站，但其中仍然存在着一些问题。

在与学校和教师的合作中，图书馆一方面要转变角色，由单纯的场地和设备提供者转变为阅读活动的整体策划和具体实施者，充分发挥图书馆在少儿阅读推广中的专业性和不可替代性；另一方面，要将丰富多彩的阅读活动带到学校，在空间延伸的基础上提供更多的内容延伸服务，并注重向教师教授孩子进行分享阅读的方法，使其也能够像少儿家长那样将阅读活动贯穿在少儿的日常生活之中，从而增强图书馆阅读活动的延伸效果。

（3）与出版界合作。图书馆要加强与出版界的合作。各种各样的少儿读物，只有通过出版界进行选题、编辑、装帧设计、印刷、流通发行等环节，才能到图书市场和少儿手中，虽然不是读物的创作者，但出版界的作用不言而喻。

近年来，出版界也十分关注少儿的阅读推广。实践方面，最突出的莫过于不同类别的出版社纷纷涉足少儿图画书出版。无论在实践层面还是理论研究层面，出版界都已意识到少儿阅读的重要性，并且已经开始行动。图书馆在面向少儿提供服务时，一方面，要经常关注读物的出版动向，并充分利用出版界已经取得的相关研究成果特别是推荐书目；另一方面，图书馆还要结合平时面向少儿提供服务以及开展阅读活动的情况，主动与一些出版社建立联系，及时反映少儿的阅读特点和需求，力求影响少儿读物的出版方向及质量。此外，图书馆还可以邀请少儿读物的优秀出版人到馆开展讲座，与少儿及其家长分享阅读的乐趣和方法。

（4）与少儿阅读推广网站合作。图书馆还要与少儿阅读推广网站及民间少儿阅读推广人合作。图书馆员要时常关注国内著名少儿阅读推广网站，以及我国几大门户网站的读书频道，随时了解少儿及其家长对亲子阅读的感受；把握少儿图书出版的最新动向，搜集面向不同年龄段少儿各具特色的推荐书目；关注这些网站举办的阅读活动，为图书馆的少儿阅读推广提供参考和借鉴。

图书馆要与基础教育、心理学、民间阅读推广等各领域的学者、专家建立联系，不管他们来自学术研究领域，还是基础教育实践领域，都可以与他们进行合作，或邀请他们为图书馆员或少儿及其家长开展与阅读相关的讲座和培训，或邀请他们直接面向少儿开展丰富多彩的阅读活动，以此推动阅读研究和实践成果向图书馆员及少儿家长的广泛普及，并促进图书馆少儿阅读推广对于社会资源的充分利用。

## （二）图书馆少儿阅读推广的策略探讨

### 1.少儿讲故事活动

讲故事活动是图书馆面向学前少儿进行阅读推广的重要措施之一。

基于学前少儿身心、语言等各方面的发展特征，听故事是他们生活中不可或缺的一个内容。在听故事的过程中，少儿可以通过成人的讲解和描述来认识更多他们在现实生活中不能直接感知的事物，还可以通过与成人之间的互动和交流来表达他们的情感，同时还能与成人一起感受阅读的乐趣。在公共图书馆中，面向学前少儿的讲故事活动也有着悠久的历史。

图书馆讲故事活动，一般遵循以下原则：

（1）图书馆讲故事活动应将少儿的父母或其他照顾人纳入活动中。在策划讲故事活动的过程中，图书馆员需要计划好面向少儿的父母或其他照顾人宣传、讲述的内容，以及哪些活动能够使他们更好地参与进来。在活动开始之前、活动开展过程中以及活动结束之后，图书馆员要充分利用各种时间和机会，向少儿的父母或其他照顾人强调讲故事活动对于少儿早期读写能力发展的重要性，成人在少儿早期读写发展中所能起到的关键性作用，并向成人示范如何在家庭中继续对少儿早期读写的发展进行干预和指导。

（2）图书馆讲故事活动的平均时间是 30 分钟。30 分钟只是一个平均时间，图书馆员需要根据前来参加活动的少儿的年龄、喜好等特征灵活地安排时间。

（3）面向不同年龄段少儿的讲故事活动可以使用同样的图书或童谣。在不同的年龄和发展阶段，少儿对于同一个故事、同一本书、同一首歌、同一个童谣会有不同程度的认识和理解，所以在面向不同年龄段少儿的活动中，完全可以使用同样的材料。适当的重复还有助于使少儿感到熟悉和舒服，并有助于增加记忆。另外，图书馆员可以将活动中所用到的童谣、歌曲等打印出来，除了分发给每个在场的成人，以供他们在活动中及活动后带回家继续使用之外，图书馆员还应该用大而清晰的字打印一份，专门放在每个人都可以看到的展示板上，使少儿和他们的父母或其他照顾人在活动中更容易跟上节奏，也使成人在与图书馆员一起吟唱的过程中更容易将视线从分发的材料中转移到自己的孩子身上，并且能够增加孩子对印刷物的认识和感知。

（4）图书馆员要主动与少儿及少儿父母或其他照顾人进行交流和互动。图书馆员要利用玩偶、玩具等来加强讲故事活动的互动性，要与少儿的父母或其他照顾人积极交流，随时解释自己正在进行的活动以及原因，向他们示范如何在日常的家庭生活中继续促进少儿早期读写能力的发展。在活动的过程中，以恰当的方式向少儿进行提问，吸引他们对故事的持续注意，鼓励他们说话或者互相交流，锻炼他们的思维能力、叙述能力以及社会交往能力。

### 2. 少儿读写游戏

游戏就是玩耍，玩耍是少儿学习成人不能教给他们的东西的一种方式，是少儿自主的、自由的、自发的、具有创造性和独特性的活动。玩耍是少儿掌控他们自身行为的一种精神工具，帮助少儿探索周围的世界并熟悉与他们相关的人和事物。玩耍源于少儿了解他们自身需求的一种内在动力，和语言发展一样，是少儿生命中一个自然和必要的组成部分。

少儿天然的玩耍可以在五个方面推动其读写能力的发展：①与读写学习相关的象征性过程的发展；②可以促进语言发展，在玩耍和相互讨论的过程中，少儿可以扩展他们的词汇量并解释明白他们的语言和动作的意义；③在一个有实际意义和创造性的环境中解决问题的能力；④坚持读写活动的动机或天性，一旦读写活动成为少儿来自内在需要的一种习惯，读写活动就会成为一项充满乐趣和实际意义的活动；⑤使少儿主动地参与到听、说、读、写的过程中。这种真正的兴趣，是少儿一生进行读写活动的内在动力。

鉴于玩耍对于少儿读写能力发展的促进和支持作用，图书馆员应在面向少儿尤其是学龄前少儿开展的活动中为其提供丰富的玩耍机会以及充满读写材料的玩耍环境。少儿在充满各种读写材料和道具的环境中，在图书馆员的组织和家长的帮助下，进行与读写相关的假想扮演类型的游戏，使少儿在与成人及彼此之间的交流互动中不知不觉地发展各项读写技能，在一种拟真的环境中培养对于阅读和书写的喜爱。

以订购、制作冰激凌的游戏主题为例：图书馆员首先要提前准备好与活动主题相关的各种支持物，例如纸、笔、玩具电话、冰激凌店菜单模型、蛋筒模型、冰激凌球模型等；图书馆员为学前少儿朗读一本与冰激凌相关的故事书，诱发少儿对于游戏主题的兴趣；接下来，图书馆员示范如何进行读写游戏，包括顾客如何阅读冰激凌店菜单以及打电话订购冰激凌，冰激凌店店员如何写下顾客的订单，如何将不同型号的冰激凌蛋筒和冰激凌球组合在一起，制作出一个漂亮的冰激凌成品，然后再递交到顾客手中；示范完之后，图书馆员就可以对活动现场的人员进行分组，每组中至少要有一个成人，帮助少儿来完成图书馆员之前的示范；在活动的最后，图书馆员还要向前来参加活动的学前少儿及其家长推荐更多与冰激凌相关的图书，鼓励他们借阅出去，将阅读延伸到家庭中。

图书馆开展读写游戏的形式是很灵活的，既可以将它作为讲故事活动的一个环节，也可以作为定期、单独开展的主题活动。面向不同年龄段的少儿，读写游戏的时间长度、游戏主题、所依据的图书等都会有所区别，但总的来说，读写游戏更加适合已经掌握了一定的动作技能、语言能力、社会交往技能并积累了一些读写经历的 3 至 6 岁的少儿。另外，与那些因家庭社会经济地位较高可在家中进行读写游戏的少儿相比，来自社会经济地位较低家庭的少儿更能在图书馆开展的读写游戏中受益。

无论作为策划开展读写游戏的图书馆员，还是陪伴少儿前来参加活动的少儿家长，不要担心少儿在游戏过程中并不会真正地阅读或书写，最重要的是少儿可以获得许多乐趣，并且可以在尽情玩耍中认识到阅读和书写在日常生活中的重要性，激发出对于阅读和书写内在、持久的兴趣，逐步积累起丰富的学前读写经验和技能。

### 3. 少儿阅读指导与推荐

少儿阅读指导，也叫少儿阅读推荐，是指科学地引导、培养少儿读者独立地选择读物，正确进行阅读和利用文献资料，以及掌握使用图书馆技能的一项工作。阅读指导是图书馆向少儿提供服务的传统方式之一，最初是基于日益增长的少儿读物给孩子阅读所带来的极大冲击。

少儿图书馆员在长期与孩子接触的实践中积累了大量为孩子选择合适的图书的丰富经验，他们既可以通过与孩子交流的方式为他们提供指导，也可以通过开列并公布书单的方式来为少儿推荐图书。不论采取哪种方式，馆员要时刻谨记一个原则，那就是自己在指导孩子阅读中所应扮演的角色。馆员只是建议者，图书馆员应该更加注重培养孩子的阅读兴趣，助其养成良好的阅读习惯。因此，图书馆员也有义务积极引导家长和教师，劝谏他们给少儿较为自由的阅读空间，尽量不要对其阅读进行审查或干预，让他们真正能读到喜欢的书。

阅读指导的规划和实施都需要专业化的人才，阅读指导人才除需要了解文献资源分布、具备图书馆学相关专业知识外，还必须懂得少儿心理，掌握良好的沟通技巧，并接受专业化的阅读指导训练，在阅读指导的规划和实施组织上发挥作用。图书馆应鼓励馆员培养自身多元化的知识结构和阅读兴趣，树立馆员的专业指导形象，为图书馆少儿阅读指导工作奠定坚实的基础。

图书馆员可以利用板报、网络推荐等阵地，向少儿推荐新书、好书，以增强图书的感染力和吸引力，帮助和引导少儿多读书、读好书。推荐读物应具备一些基本特征，如思想内容健康、语言文字规范、知识性兼顾、易被孩子接受。另外，推荐读物应尽量与学校教育教学相结合，使校内外阅读内容相互促进，以保证阅读质量和效果。在开展导读工作时，图书馆员要充分考虑少儿的年龄特征、心理特点，有针对性地开展不同层次的导读工作。如对于学龄前少儿，由于他们年龄小、自制力差、坐不住，图书馆员就要用生动有趣的童话故事，培养他们的阅读兴趣。相对而言，小学生已经具备了一定的阅读能力，图书馆员就要为他们推荐中外名著、科普读物、道德箴言等优秀作品，使他们通过阅读学会尊重优良传统文化，提高精神境界，在多读好书的过程中引领孩子的阅读方向，培养其阅读兴趣。

除了面向少儿进行指导和推荐，馆员还可以鼓励少儿之间互相推荐好书。对一本书或书中的人物形象，孩子们理解的角度往往更加接近，因此一本好书经常会成为孩子之间谈论的话题。鉴于人的从众心理，很多孩子会为了更好地融入某个群体而去积极主动地阅读同龄人所谈论的图书，这种方式往往会比图书馆员的推荐更加有效。

鼓励孩子写书评也是图书馆员可以采取的一种推动少儿阅读的方式，但这种方式只适用于年龄稍大、已经具备一定写作能力的少儿，尤其是小学高年级学生。让少儿用自己的语言来简短地评价所读到的书，比馆员单方面对书进行评价推荐的意义更大。少儿写的书评，无论语言风格还是表达方式，都与成人不同，有着简单质朴的特点，更容易被其他孩子所理解并接受。

将图书馆内好的资源推荐给少儿，让他们在阅读的过程中享受快乐，这就是图书馆员进行阅读指导或推荐的目的和职责所在。馆员应该始终清楚自己的角色以及与教师、家长的区别，努力成为阅读推广的使者。

### 4. 少儿暑期阅读活动

暑期阅读是在轻松愉悦的氛围中提高少儿阅读的乐趣、助其养成终身阅读的习惯，因此往往读书的范围比在学校阅读时更为广泛，选择也更为自由，这样有助于弥补少儿在学期当中由于课程制约所造成的没时间读自己真正喜欢的书的遗憾。

图书馆通常会在学期末在图书馆网站上公布暑期阅读的计划和内容，有时图书馆员会亲自到学校对他们将要开展的暑期阅读活动进行宣传造势。为了充分吸引孩子们的兴趣，暑期阅读往往会设计成竞猜性质，只要参与者在规定时间内阅读完成一定数量的图书，就会得到图书馆颁发的物质或精神上的奖品。在暑期阅读刚出现的时候，图书馆员并不赞同采用奖励特别是物质奖励的办法去刺激读书，他们认为读书是个人的事情，不应该用外部干预的手段强制孩子阅读。然而，对于那些自身不愿意读书的孩子来说，通过开展阅读活动进行奖励，确是一个很好的诱导。尤其对于男孩子，采用颁发奖品的方式的确能在一定程度上刺激他们去阅读。

图书馆在开展暑期阅读活动时，应该充分考虑少儿的年龄。活动的形式、阅读的书目及数量，都应与目标少儿的年龄和各方面发展特征相吻合。面对学龄前少儿，图书馆可以开展的活动主要是"讲故事"和"读给我听"。由少儿的家长为其登记注册并参加活动，主要是在游戏的过程中带动阅读。面对学龄少儿，则一直保持着一项传统项目"阅读日志"。即图书馆开列一份读书清单，少儿根据自己的兴趣从中选择合适的图书，或者选择书单之外的其他图书，定期将自己的阅读成果记录在阅读日志上。不同年龄段的少儿，他们在需要阅读的图书数量、读完之后是否需要根据书中内容进行角色表演、是否需要写书评或读书笔记等方面，要求都不尽相同。由于要对获奖者进行奖励，暑期阅读活动有时会成为图书馆开支较大的一个项目。为了保障经费，图书馆常与其他机构或组织合作开展活动，如与博物馆、美术馆、动物园、植物园等合作，围绕某一阅读主题，辅助性地开展艺术展览、折纸、手工制作等活动，目的都在于通过富有趣味性的活动来激发少儿对于阅读的兴趣。

随着网络和信息技术的飞速发展，暑期阅读活动开展的方式更加丰富和多样，图书馆进行宣传推广的渠道也更加便捷，更加注重与其他媒体合作来提高人们对暑期阅读项目的关注度。为了将暑期阅读这一传统而又经典的项目持续并发扬下去，图书馆确实需要通过不断变换活动的内容和形式，将符合时代发展和少儿需要的创新观念和方法运用起来，才能在网络时代将孩子从电脑、手机等电子设备前吸引到图书馆中，让他们在多彩的暑期生活中将阅读进行到底。

**5. 其他**

除了举办讲故事活动、阅读指导与推荐、暑期阅读活动外，图书馆进行少儿阅读推广的方法和措施还有很多。我们应该以发展的、动态的眼光来看图书馆少儿阅读推广的措施，随着时间的迁移以及图书馆的馆情变化，没有哪一项措施是绝对可行或不可行的，即措施是可以随机调整的。

（1）少儿阅读个性化咨询服务。图书馆可以面向少儿开展个性化咨询服务，图书馆应该结合每个少儿个体的情况，为少儿及其父母提供具体指导。鲜活生动的案例研究能够详细描述孩子在阅读中遇到的问题、解决问题的办法以及最后的结果等。通过一个案例的解决，还可以为更多的人提供参照。因此，图书馆员在通过理论指导帮助少儿解决各种咨询问题时，也要重视开展案例研究。馆员们要善于积累各种资料，采用调查、统计等各种方法，长期跟踪，建立少儿档案，记录少儿利用图书馆的成长过程，做个有心人。

（2）举办少儿读书会。读书会的目的是通过健全的组织、积极的运作，使民众定期研读好书，借助讨论的方式培养书友的思考与判断能力，并透过读书心得加强其语言组织能力及表达能力。

读书会更加适合年龄较大、已具备独立阅读能力的少儿。面向少儿的读书会通过图书馆员的组织、引导和分享，鼓励少儿持续阅读，在阅读中思考和学习。由于读书会通常要有一个具备各方面能力的领导者来组织，因此图书馆可以开办"少儿读书会领导人"培训，为读书会培养领导者、辅导者、推动者。培训的内容可以包括：读书会领导人的角色与功能、读书会的经营与运作、读书会规划方案和讨论技巧、读书会选书原则与方法、常见的阅读方法等。图书馆通过发展和培育各种类型的读书组织，加快培训读书组织的领导人，让他们掌握少儿阅读推广的观念和技巧，掌握开展各类阅读活动的程序步骤，并通过他们带动更多的少儿和家长、老师、学校共同参与到少儿阅读中，可以使图书馆的少儿阅读推广工作取得事半功倍的效果。

此外，图书馆的少儿阅读推广方法还有很多，但无论运用哪种方法来推动少儿阅读，图书馆都要注意以下两点：①注重为低收入家庭的孩子提供阅读服务；②注重对阅读推广的效果进行研究。少儿阅读的重要性已经越来越深入人心，为了使少儿阅读推广工作更加深入和广泛，图书馆有必要大力加强理论研究。只有在少儿阅读文化理论研究上进行不断的积累，并将研究成果逐步用于指导实践，才能更好地推进阅读推广工作，使其逐渐摆脱任意性和不可控制性，在广度和深度上都跃上新的台阶。

## （三）网络时代下图书馆少儿阅读推广

### 1. 少儿阅读推广面临的转型

网络环境下，信息技术的发展日新月异，各种电子设备充斥着人们的生活，给传统的阅读带来了冲击。对于少儿来说，网络对其具有强烈的吸引力。在网络环境下，文字、图片、图像、影像、色彩、声音等，都可以成为阅读的对象。由文字的、图片的、声音的、静态的、动态的超文本，形成一个变化无穷、丰富多彩的新文本世界。这个新文本世界充满了对外界的吸引力，带给少儿多重的感官刺激和更真切、更形象的阅读体验。这些阅读体验有助于少儿更好地理解文本，更好地获取信息。网络阅读所带来的多重阅读体验是传统的文本阅读所不能比拟的，这也是网络阅读能够吸引少儿的一个重要原因。

网络环境下，少儿阅读的方式也更加灵活。网络环境下的阅读是一种人机对话的交互方式，在即时双向的互动中，阅读者的思路可以变得更加开阔，参与的愿望由此也更强烈，最终使得阅读成为一种更有乐趣的事情，阅读者在轻松愉悦的氛围下就可以激发想象力、思维力甚至创造力。此外，借助于网络，阅读者可以方便地获取声音、图像、摘要、索引、全文等多种形式的阅读对象，并且大多可以通过下载进行保存，可获得的信息量更大，存储、传送也更加便捷。

面对网络环境给少儿阅读方式和阅读习惯所带来的双面影响，虑及少儿年龄较小、自制力和独立选择性较差，图书馆十分有必要改变或者改进传统的阅读服务方式，以更好地引导少儿养成良好的阅读习惯。目前，网络信息技术的重要性已经为各类型图书馆所广泛接受，很多图书馆开始对少儿服务进行数字化建设，并将它视为图书馆数字化建设中不可或缺的一部分。有些条件较好的图书馆，在人员和经费都较为充裕的前提下，开始设置专门的少儿电子阅读室、活动室，配备充足的电子设施，并且十分重视在阅读活动中利用网络和信息技术。

### 2. 利用网络进行少儿阅读推广

在网络和信息技术大背景下，图书馆进行少儿阅读推广，在某种程度上来说是与网络作战，与各种发达的信息技术给少儿阅读所带来的负面影响作战，与网络争夺孩子注意力、时间及阅读习惯和兴趣作战。图书馆期望少儿能够回到书本旁边，静下心来进行深入有益的阅读。近年来中国民间少儿阅读推广的经验证明，少儿阅读推广取得的进展也在一定程度上得利于网络。由于网络传播综合了大众传播、群体传播和人际传播的多种模式，在有意无意间能够形成快速、多级传播，而且它不受时间和地域的控制，可以进行高速复制，因而借助网络有利于将少儿阅读新观念在全国各地广泛渗透，也更容易普及各种阅读推广方法。

图书馆在进行少儿阅读推广时，既要重视网络给少儿阅读所带来的冲击及其本身所具有的不足，对少儿施以正确的引导。同时，更应该看到网络环境所带来的各种机遇，充分利用现代信息技术的力量来开展少儿阅读推广。

（1）加强少儿网站或网页的建设。可由中国图书馆学会在全国发出倡议，建议独立建制的少儿图书馆，设立独立的门户网站，中国图书馆学会、附设少儿阅览室的公共图书馆均在网站的首页设置少儿专栏。

此外，还可以建立中国图书馆界推广少儿阅读的专属网站，并把它逐渐建设成为中国少儿阅读推广网络中心和愿意推广阅读的图书馆员、广大教师、家长乃至普通民众的指导和参考中心。图书馆对建立起来的少儿阅读网站或网页，应该投入时间、人力、物力对内容和栏目进行精心设计和维护，保持网站的更新并逐步对其进行扩展，使网站的内容不断丰富。根据国外的经验，网站一般应包括下列内容：馆藏少儿文献的检索、新书评论与推介、畅销书介绍与评论、分级分主题的图书推荐目录、各类少儿文学奖项获奖书目、各权威少儿推荐书目、少儿阅读方法介绍与指导、各地开展少儿阅读活动的介绍、图书馆少儿阅读活动的通知等。

（2）设立少儿阅读论坛。图书馆可以在网上设立少儿阅读论坛，充分利用现代科学技术，促进图书馆员、阅读推广专家等与少儿读者进行双向或多向交流。论坛中少儿及其父母、教师可以将他们遇到的困惑和问题上传，向线上的各种高手寻求解决问题的答案。这种方式能充分调动网民的力量，而且在彼此交流中非常容易引起共鸣。

论坛平等、亲切，图书馆员还可以利用这个阵地来开展在线参考咨询等阅读指导服务，直接帮助少儿解决在阅读中遇到的各种问题，由此将图书馆的阅读服务和推广活动延伸到更广范围的群体，特别是那些由于各种原因不能前来图书馆的少儿及其家长。少儿阅读论坛也应该成为图书馆相关从业人员交流的阵地，图书馆可以利用邮件列表等方式为少儿馆员开辟大规模即时交流的途径，供馆员分享成功经验、探讨存在的问题，这样将大大提高阅读推广的效率。

（3）联结整体，共享经验提高效率。利用网络和信息技术将整个图书馆界联结为一个整体，共享少儿阅读推广的成功经验，提高推广工作的效率。图书馆开展一项推广活动，通常只是在网络上发一个通知，或一个简短的通信。各地图书馆在开展项目时，无须花费很多时间和人力去策划，而只须将已经成熟的品牌化项目手册拿来参考，并根据馆内的实际情况稍加变通就可以开展了。

（4）积极运用现代信息技术。将现代信息技术运用到少儿阅读推广的实施过程中。如可以通过手机、电子邮箱向申请阅读活动参与者发送图书、图书连载、活动内容介绍等，以丰富生动的电子阅读吸引少儿及其家长前来，使其读书兴趣由电子阅读、移动阅读逐渐转移到传统的书本阅读和经典阅读。阅读活动结束后，图书馆还可以专门录制一些视频，结合活动案例进一步向家长传授指导少儿阅读的方法和技巧。此外，还可以制作一些游戏、动画，以活泼轻松的方式向少儿介绍图书馆的使用方法、规章制度等，培养少儿良好的图书馆意识。

此外，图书馆还应该与国内著名少儿阅读推广网站建立链接。活跃在网络上的少儿阅读推广者，绝大多数是家长或身为家长的老师，他们将亲子阅读活动记录下来，以文章或录音的方式供大家分享。这种由亲历亲为所形成的经验总结，真实有效，可操作性强，有时甚至比专门进行少儿教育、心理学研究的专家学者的建议还有效。除了日常的经验总结交流之外，图书馆还可以与这些少儿阅读推广网站联合开展少儿阅读相关调查、网络捐助等活动。

网络是一把双刃剑，对于图书馆来说，关键在于如何扬其长、避其短，充分发挥网络和信息技术的优势，灵活多变地进行少儿阅读推广。除了文中上述途径之外，图书馆可以开发、利用的方式方法还有很多。随着社会进步和信息技术的快速飞跃，图书馆可以一显身手的空间还十分广阔。

# 第六章

# 图书馆读者服务工作者的自身建设研究

## 第一节 读者服务工作者自身建设的意义及作用

### 一、读者服务工作者自身建设的意义

#### （一）信息技术对馆外环境影响

随着信息爆炸而带来的文献量的剧增，现代信息技术是影响图书馆发展的最重要的因素，它以高密度的信息储存技术、高速度的信息传递技术，以及高效率、高质量的信息查询技术，改变了人们生产、收集、组织、传递和使用信息的流通方式。在我国，许多图书馆由于人力、物力、财力等多方面的原因，与实现图书馆的自动化、网络化还存在相当大的距离。在人们获取信息知识的渠道和手段都有了极大扩展的情况下，图书馆面临着巨大的风险和竞争，传统图书馆的读者群被其他信息组织瓜分，而且又不能吸引潜在读者的光顾。这是信息技术对传统图书馆的挑战。

#### （二）信息技术对馆内环境的影响

高新技术的发展和多媒体的广泛应用，使图书馆从采访到流通一系列手工作业逐渐被电脑操作所代替，并且会将全方位实现自动化。如今，图书馆大量引进了新型载体，例如磁盘、光盘、录像、电子出版物以及加入信息高速公路，这些信息媒体不仅表现了科技进步，而且其功能是纸质文献所不能比拟的。图书馆的服务内容正在进一步拓宽，图书馆的工作除了对馆藏资源进行开发利用外，还必须对网上资源进行开发、管理和利用。图书馆为读者服务的重点将从"物的传递"转变为"知识的传递"和"信息的传递"，从提供原

始文本信息服务向"信息咨询服务"转移，从服务的数量转向服务的质量，从被动服务转向主动服务。

## 二、读者工作者自身建设的作用

人力资源管理工作重点体现在对员工的继续教育与激励方面，逐步由物质激励和制度调控手段转变为人性化的管理；发挥每个人的特长，体现每个人的价值，充分发挥学习型组织的优势。这是每个图书馆必须面对的管理变革。

市场经济越发展，人的社会化特征和人的个性化特征越突出。个人与组织之间是建立在双向选择基础上的平等契约关系，要通过我们的工作，努力做到两个结合，即：人力资源的开发与图书馆的发展战略相结合；个人的成长进步与图书馆事业的发展相结合。要形成广纳群贤、人尽其才、能上能下、充满活力的用人机制。把优秀人才吸引到图书馆来，营造一个鼓励员工干事业、支持员工干事业的人才机制。要使更多的员工实现对自身能力的真正占有，提高员工的整体素质，更好地调动和聚集员工的智慧，使之化为推动图书馆工作和事业发展的巨大动力。使图书馆在发展经济中发挥更大的作用。

# 第二节　读者服务工作者自身建设的主要内容

"读者工作者是图书管理事业的核心力量，其良好的工作态度对图书管理事业的健康发展具有重要的意义。"[①] 读者工作者的情态和心态是影响其工作态度的重要因素，正确的情态和心态对于提高图书服务质量，丰富群众的精神生活具有积极的推动作用。

## 一、掌握语言技巧

图书馆是读者借阅图书、查阅资料、学习研究的重要场所。图书馆每天都要接待众多的读者，所以对于经常与读者打交道的图书馆员来说，掌握说话技巧，营造和谐的氛围，建立良好的人际关系显得格外重要。

做好图书馆读者服务工作的四种语言技巧如下：

第一，"明话曲说"技巧。"明话曲说"技巧是指说话者不把真正意图的话直接说出来，而是以委婉的方式进行暗示和表白，听者略加思索，就会明白说话者的良苦用心。善用"明话曲说"技巧，能收到春风化雨、潜移默化的效果。

---

① 刘小玲 . 浅谈高职院校图书馆读者工作者的情态和心态 [J]. 科学咨询（决策管理），2009（07）：52.

第二，"忠言顺耳"技巧。馆员可以运用"忠言顺耳"技巧解决问题。只要馆员说话讲究技巧，这种情况就会有所改观，甚至能收到"良药不苦更利病，忠言顺耳更利行"的效果。馆员如果要对读者提出批评或忠告，应尽可能委婉一些，避免言辞过激。

第三，"诙谐幽默"技巧。"诙谐幽默"技巧是指说话者充分运用自己的幽默才智和种种搞笑技巧说话，使读者听后发笑，并在彼此微笑间心领神会地受到启发。馆员说话时带点诙谐幽默，会让读者感到轻松、自然、愉悦，使馆员与读者关系更融洽，使服务过程轻松化、活泼化。

第四，"情理交融"技巧。图书馆员如能灵活运用"情理交融"技巧，即把"人格感化"与"让人说是"结合起来，可收到理想的效果。"人格感化"是指图书馆员以自身的人格、思想、作风以及对读者深切期望的态度来感染读者，是一种侧重于情的方式。

## 二、具备信息能力

网络技术、通信技术、多媒体技术、计算机技术与信息工作的结合越来越紧密，各种技术的飞速发展，对图书馆员提出了新的要求，转型期的服务工作需要大量掌握新技术的服务工作人员。

培养良好的信息素质，具备敏锐的信息头脑，研究和了解信息的性质及作用是每个人所必需的。图书馆员作为信息服务工作者在这一点上显得尤为重要。信息素质可理解为在信息社会中个体成员所具有的各种信息品质，它包括信息智慧（涉及信息知识与技能）、信息道德、信息意识、信息觉悟、信息观念、信息潜能、信息心理等。

信息素质教育有助于推动全社会的信息化进程。信息素质教育内容涉及面较广，要做好这方面工作应从以下几方面入手：①信息意识教育。它包括信息主体意识、信息获取意识、信息传播意识、信息保密意识、信息守法意识、信息更新意识等，其中信息主体意识教育应是信息意识教育的一个重点。②信息道德教育。其目的是促使大家遵循一定的信息伦理与道德准则来规范自身的信息行为与活动。在信息活动中，坚持公正、平等、真实的原则，尊重他人知识产权，正确处理信息创造、传播、使用三者之间的关系。③信息观念教育。主要是指信息价值观念教育，树立"信息就是资源""信息就是财富""信息是商品""信息有偿"等基本的信息价值观。

图书馆读者服务工作者，应具备如下基本能力：

第一，熟练掌握计算机操作和网络应用。网络技术、通信技术、多媒体技术、计算机技术与信息工作的结合越来越紧密，各种技术的飞速发展，对图书馆员提出了新的要求，转型期的服务工作需要大量掌握新技术的服务工作人员。

第二，熟悉馆藏掌握信息检索技巧。服务人员应有在图书馆多个环节工作的经历，了解文献和信息的采集、加工、流通、检索、典藏的规律。应有在不同服务环境中工作的经历，了解不同服务界面、层次用户的需求规律。

第三，有广博的专业知识。信息需求的多样化，对图书馆服务人员提出较高的要求，图书馆员要在服务中不断学习各种学科知识，掌握先进的检索技术手段与获得各类知识的技巧，成为真正的"信息导航员"。要特别注意在实践中积累，向用户学习。

第四，有与用户沟通的技巧。图书馆服务工作已经辐射到社会的每一个角落，服务的受众面十分广泛，需要与各种各样的人打交道，因此，图书馆工作人员学习和掌握与用户沟通的技巧十分重要。

## 三、具备学习能力

科学技术正把我们带入一个全新的时代。人类知识的创造和积累都在加速发展，计算机的信息网络使得知识信息的传播手段发生了革命性的变化，知识老化周期加快，职业更替频繁，各种信息变幻莫测。

随着知识经济时代的到来，终身教育的兴起成为必然，学习将伴随人的一生。馆员学习能力体现在：①更新自己原有专业知识的能力；②学习新知识的能力；③综合各门学科的能力；④开展科学研究的能力。馆员在加强图书情报管理、图书馆方法研究的同时，又要在自己所学学科的领域里有所建树，能开展广泛的学术研究，并取得相应的成就，这对培养馆员的自信心、确立成就感、稳定队伍显得十分必要。

## 四、具备基本素质

素质是指事物本身具有的性质和素养，包括质量和平日修养。素质是一个由品格、知识、技能、能力等组成的多要素、多层次的综合体。图书馆员是图书馆的基本细胞，馆员的素质问题关系到图书馆事业的兴旺发达。馆员素质好，工作效率就会高，社会效益也会大。所以，图书馆的生存与发展，从根本上依赖于图书馆员整体素质的提高。

### （一）读者工作者的思想道德、政治观念

读者工作者的政治思想修养，指的是读者工作者应具备基础的理论知识、政治理论水平和政治思想觉悟。作为读者工作者，只有具备较为扎实的理论基础，才能运用政治的立场、观点、方法去观察事物、分析矛盾和处理问题，指导自己的工作实践。此外，还应具

有全心全意为人民服务的精神和干劲。

### （二）读者工作者的职业道德、事业心

在当前情况下，强调图书馆职业道德教育有着特殊的现实意义。在计划经济体制下，社会各行各业收入区别不大，图书馆还是一个比较稳定、令人向往的职业。市场经济的浪潮打破了图书馆员原有的心理平衡，由于物质条件、经济收入与一些行业相比反差太大，形形色色的价值观涌入了图书馆，在这种情况下，除了尽力改善物质条件外，还应使图书馆员树立正确而又合乎时代发展的价值观，进行图书馆职业道德教育。图书馆是人类知识的宝库，是丰富的智力资源，它所担负的多重职能是通过图书馆员的工作得以实现的，图书馆员的工作是一种知识性的服务工作，是一项崇高的职业。它高尚但清贫，其职业的价值是通过读者、用户获得和利用文献来体现的。因此，图书馆员必须有甘为人梯的无私奉献精神。应制定图书馆员职业道德规范，要求图书馆员：对工作，忠于职守，精益求精；对文献，要爱护，善于加工，开发利用；对读者用户，要满腔热忱，全心全意为读者用户服务；对同事，要严以律己，宽以待人，顾全大局；对兄弟单位，要精诚合作，公平竞争。

### （三）读者工作者的业务知识、常识

专业知识是图书馆员开展高层次信息服务的必备条件。只有掌握某一方面的专业知识，才能深入文献的具体内容中，才能很好地开发文献信息和服务于相应专业读者，成为用户之间的中介和纽带，为读者用户提供广、快、精、准的高质量信息业务。因此，图书馆员除掌握图书馆的业务技能外，还应了解新兴学科的知识，改变自身知识结构单一的现状。在掌握某一专业知识的基础上，再兼顾第二、第三专业知识的学习，努力将自己培养成一专多能的复合型人才。

丰富、精深的图书馆专业知识和过硬的技能是新世纪图书馆员应具备的基本条件。随着学科的发展，图书馆学理论也不断发展，图书馆专业知识如图书分类法、图书编目规则等都在不断补充、更新。要根据图书馆员从事的岗位，加强专业知识培训，激励每个图书馆员刻苦学习，打好知识基础，不断探索、补充、更新知识，以满足读者日益增长的需求。

### （四）读者工作者的文化知识

信息时代的社会读者文化层次的不断提高，知识覆盖面越来越广，这对图书馆服务的广度和深度提出了更高的要求，使得图书馆员必须有广博的知识储备，包括哲学、数学、文学、心理学和公共关系学等多方面的知识，文化知识越广，工作越能得心应手。

### （五）人文素质

从事图书管理的服务人员，要学会做人，要有崇高的价值观念和人文精神来主宰知识、经济的发展。良好的政治思想与职业道德素质，是馆员的灵魂和指导方向，热爱图书馆工作，具有敬业开拓、进取精神，读者至上、服务第一的工作态度。

创造型馆员与科技素质和人文素质是交互作用、有机结合在一起参与创造性活动的。优良的品质、浓厚的兴趣、坚强的意志、强烈的成就欲望、高度的事业心和责任感往往可以起到不断开发智力潜能的作用，并且在相当程度上促进科技素质和业务水平的提高。另外，很强的人际协调能力可以帮助馆员获得有用的知识信息，可以使自身的能力在组织中得以更好地发挥。知识经济社会还需要馆员具有很强的耐心和坚韧的性格，因为激烈的社会竞争，会使人们遇到各种意想不到的困难和挫折，如果没有面对挫折的心理承受力，是难以在克服困难和挫折中取得成功的。

中国图书馆传统文化深厚，图书馆要有积极主动的服务态度。"馆员通过阅读经典、加强资源建设、利用多媒体技术学习、参加学术会议、开展科学研究、组织文化活动等途径，不断提高图书馆馆员的人文素质。"[①]

### （六）读者工作者的创新观念

创新是国家兴旺发达的不竭动力，是决定其荣辱兴衰的重要因素。图书馆正面临着时代变革所带来的严峻挑战，图书馆要求生存、求发展就必须运用创造性思维，要把图书馆员培养成能够开创新局面、勤于思考、勇于创造、富有献身精神的创造型人才。

# 第三节　读者服务工作者自身建设的方法与途径

## 一、读者工作者自身建设的方法

### （一）提高思想的重视

图书馆工作水平和社会地位的高低，取决于图书馆员思想和业务素质的高低，图书馆在未来社会中的竞争是人才的竞争，而人才的竞争则取决于图书馆在继续教育上付出的努力和成本。因此，开展继续教育，从中受益的不仅是图书馆员个人本身，它将对一个图书馆乃至整个图书馆事业产生不可估量的影响。我们必须大力宣传继续教育的重要性、紧迫

---

① 毛军，毛旭，孙婷婷，等.论医学图书馆馆员提高人文素质的基本途径 [J]. 黑龙江科技信息，2017（08）：263.

性，树立危机感、生存意识和竞争意识，提高图书馆员对继续教育的认识，积极主动参加学习，接受继续教育。

各级领导也应充分认识到培养跨世纪图书人才的紧迫感和使命感，要具备新世纪要求的思想意识，有目的、有计划地安排工作人员进行继续教育。各馆根据自己的实际情况，制定有关的规章制度，辅以一定的奖励手段，将每个工作人员接受继续教育的效果作为考核、晋升的依据之一，只有这样，继续教育才会收到良好的效果。

## （二）成立执行机构

有了立法和规章，还须健全执行机构，以保证继续教育法规的贯彻实施。大型图书馆应当设一个专门的继续教育机构，配备专业管理人员。该机构负责继续教育的宣传、组织和管理工作；制订切实可行的人才培训的长远规划和短期计划，避免盲目性；负责组织师资、教材、教学安排、教学场地；根据接受继续教育对象的层次、方向确定学习的内容、模式；协调继续教育与日常工作之间的关系等工作。

目前，我国图书馆有必要建立权威性的图书馆员继续教育协调机构，进行全国性的系统建设，加强横向合作，形成合理高效的继续教育体系，多方筹措资金，提供更加强劲的资金保障。

## （三）制定相应的法规制度

为保证继续教育有效稳步地进行，必须制定相应的法规制度。继续教育得到政府和社会越来越多的重视。各图书馆应制定适合本馆的继续教育的政策来强化和规范图书馆员继续教育，并自觉地贯彻执行。

## （四）建立继续教育考核评估体系

继续教育考核评估体系的建立，有利于保证继续教育的质量，促进继续教育事业的发展。要充分调动图书馆员的学习积极性，激发其学习的欲望和觉悟，必须引进激励机制，对继续教育进行考核评估。

设立图书馆员继续教育档案，除日常考评、考勤外，应记载参加继续教育学习的课程、学时、考核成绩，制定图书馆员继续教育总结考评办法，并把继续教育与图书馆员的评职晋级、奖励等联系起来，以学业成绩优劣给予不同的奖励。另外，要不断总结经验，注意收集继续教育效果的反馈信息，以便不断发现问题，改进工作，把继续教育工作引向深入。

### （五）内容、方法不断改进

我们应根据图书馆工作的具体需要和专业技术人员的知识、能力结构的欠缺程度来确定教育内容，针对不同层次的需要，采取不同的教育方式，以便使每个人的才智潜能都能够得到充分的发挥。具体到当前我国在职图书情报人员的继续教育，其教育内容可分为补缺型、更新型和拓展型等类型。

第一，补缺型继续教育。图书情报学是一门应用型、工具性的学科，只有与其他科学技术紧密结合起来并应用于各专业领域，才能充分发挥其作用。在职的图书情报人员由于专业基础不同，补缺型的继续教育内容也不一样，如继续教育新进的工作人员补充非图书情报专业的专业知识，继续教育老工作者系统的专业知识，查缺补漏。

第二，更新型继续教育。随着信息社会的高速发展及网络环境的产生，出现了全新的信息交换方式，使人类的信息交流方式发生了根本性的变革。图书馆作为信息交流机构，面临服务理念、服务模式、服务手段多方面的新碰撞，遇到了前所未有的新问题和新矛盾。图书馆员必须随时更新自己的知识结构，才能适应社会的发展。

第三，拓展型继续教育。未来的图书馆是多功能、电子化、网络化、让所有人充分享受人类精神财富的机构。未来数十年将是中国图书馆事业逐步走向繁荣的时期，图书馆人应放宽思路，紧跟时代的步伐，在发展传统图书馆事业的同时，拓展图书馆发展方向，使图书馆走多元化的发展道路。

## 二、读者服务工作者继续教育的途径

继续教育是终身教育的一个组成部分，通过对已具有一定学历的在职人员的再教育，使受教育者能够提高原有学历或获得某种资格。20世纪80年代以来，随着国家经济和教育事业的发展，图书馆学业余教育、成人教育、继续教育事业有了很大的发展。继续教育是一种体系，它既包括学校教育，也包括社会教育；既包括在职教育，也包括职前教育；既包括非学历教育，也包括学历、学位教育。图书情报人员的继续教育，由于人员数量众多、工作岗位不同、需求不一样，因而办班类型多种多样。既有学历教育的函授班、电大班、业大班、专业证书班及研究生班；也有非学历教育的岗位培训班、干部进修班、高级研讨班等。各种类型的学习班、培训班是正规基础教育的有力补充，弥补了图书情报工作者所欠缺的图书情报知识和计算机等方面的知识。

第一，在职学习。在职学习指的是不脱离工作岗位的学习，如报考在职研究生、电大、自学考试等。这种学习方式需要的时间较长，是系统学习和提高某一门专业知识最普遍的途径。

第二，专题讲座。专题讲座是针对某一方面的问题，请专家为大家讲课，如文献编目、文献检索、数据库建设、网页制作等。专题讲座可在一个馆内部举行。首先有计划地制定出一个系列，分成各个专题，然后一个专题由一人或多人主讲，大家都有机会做老师。这种方式，有利于形成自我学习进修的压力，可以在图书馆内训练出一批精通不同专题的"专家"，也有利于图书馆发挥和使用人才，对于全体图书馆人员综合素质的提高大有益处。

第三，参观访问。参观访问即组织人员有目的地到国内外参观访问，或组织安排交换馆员，到一些先进的或某些方面有特长的图书馆进行短期工作和学习。使参观访问者开阔视野，吸取经验，充实提高。

第四，撰写学术论文、参加学术会议、举办知识竞赛。图书馆学是一门实践性很强的学科，非常需要理论与实践的结合，图书馆人员撰写学术论文，参加学术会议，举办知识竞赛，可以提高自己研究问题的能力，也有利于本学科的发展。

第五，岗位轮换制。图书馆的各项工作既是有区别又是互相联系的，定期进行岗位轮换，对馆员是一种激励，也是一个实践的机会。通过岗位轮换可以学习图书情报专业知识，系统掌握图书馆工作流程，提高服务质量，对于培养一专多能也是行之有效的办法。

# 第七章
# 图书馆读者服务工作变化与创新发展

## 第一节　图书馆读者服务工作的变化及应对

### 一、图书馆读者服务工作的变化

图书馆是一个发展的有机体，是开放的社会机构。因为是发展的有机体、开放的机构，就必然要从周围环境中输入新元素，并在图书馆"肌体"内消化代谢，生成新的可以向社会输出的产品和服务，并将社会对它的反映再反馈回"肌体"内部；因此随着社会的发展、技术的进步，图书馆基本功能随着社会的发展保持了下来，但是它与社会关系的集中体现——服务，无论是作为制度基础的法律，还是实践的基本内涵，如服务的内容、方式和方法却在不断地变化和变革中。

当今社会是网络信息社会，网络在人们的学习、生活中占有愈来愈重要的位置。置身于此的图书馆服务，尽管还存在许多传统方式，但服务途径和手段与过去相比已有巨大变化。

#### （一）服务环境的变化

知识经济的不断发展，加快了知识创新的速度，促进了信息的交流与利用，人们信息需求不断增加，对图书馆信息服务提出了新的要求。由于受到社会环境变化的影响，图书馆服务环境也发生了重大变化。

在网络信息时代，用户可以不受时空的限制，通过互联网轻而易举地检索到所需的各种信息，甚至可以方便快捷地下载和浏览全文文献和多媒体信息。随着宽带网进入家庭，用户坐在家里就可以获得信息、接受远程教育、欣赏文艺节目等。网络环境为图书馆工作提供了一种新型的快捷、跨时空的信息服务方式。为此，各种类型的图书馆都在寻找自己的立足点和生存空间，千方百计地改变服务工作，拓展服务领域和内容，适应环境的变化。最显著的变化是几乎所有的图书馆都安装了计算机设备，建立了供用户使用的公共计算机查询系统，开展了网上预约外借、网上咨询服务等项目。

## （二）服务需求的变化

图书馆服务范围也随之发生较大的变化，从提供印刷型文献，发展到提供知识信息、多媒体信息、多载体信息。在网络环境中，用户的信息需求发生了根本性变化，人们已经不再满足图书馆提供一部书、一篇文章，而是要求提供某一特定信息、某一事物、某一主题的知识信息。

现代图书馆是以信息为服务单元，强调以人为本的个性化信息服务。即满足读者个性化和多样化的信息需求，提供差别信息服务。现代图书馆的信息服务差别是建立在不同的读者个体上，是建立在直接性、多样性和个性化基础上，即根据读者各种不同的个性化信息需求，实行个性化订制服务。

## （三）服务技术手段的变化

随着技术的发展，图书馆工作从半机械、机械化过渡到自动化和网络化。现代图书馆服务已大量采用复印机、防盗仪、计算机、传真机、网络传输、卫星传输等设备为用户服务。图书馆利用新技术服务的手段不断增加，如网上参考咨询、网上信息检索、数据传输、网上文献传递服务等。现代技术的发展和现代设备的应用为图书馆服务工作提高了效率。

## （四）服务模式的变化

在图书馆服务工作的变化中，变化最大的应是服务模式的变化。在突破了传统的服务模式制约的过程中，呈现的趋势如下：

第一，转为开放型。图书馆的服务活动局限在特定的范围，服务工作可以说是以阵地为主，图书馆在加工规模、藏书体系、服务范围、人员配备方面基本形成了"小而全""大而全""备而不用"的自我封闭型办馆范式。图书馆与外界的联系很少，满足于一般的借借还还，图书馆员的思想受到束缚，形成了僵化的管理定式。

在知识经济时代和网络环境下，面对社会信息需求的扩大和技术的发展，图书馆再也不能故步自封，把自己禁锢在图书馆的围墙之中。图书馆的服务工作开始走出图书馆，面向需求、面向用户，主动服务，建立辐射型的开放服务系统。形成"以用户为中心""以需求为向导"的主动型服务理念和信息服务模式。目前，图书馆非到馆用户成倍增加，网上信息需求范围逐步扩大就是最显著的变化。

第二，转为多元化。图书馆的服务模式培养了自己特有的用户，用户习惯于把获取信息和知识的渠道、方式局限在图书馆，获得信息的方式比较单一。随着社会、经济、技术的发展，人们传播信息的渠道不断扩大，人们获得信息的渠道和方式多元化，传统图书馆向读者提供的阅览、外借、检索、复制书刊资料的服务方式已经不能完全适应用户需求。现代图书馆要满足用户获得信息需求，必然要开展多样性的服务。在转型期已经出现了服务需求多元化、服务形式多元化、服务内容多元化局面。目前许多图书馆开展代查、代检索、代复制、代翻译、联机检索、光盘检索、网上咨询、异地服务、远程教育等，就是为满足用户需求的多元化展开的。

第三，转为智力密集型。在传统图书馆的服务中，图书馆员向读者提供服务以手工为主，工作人员从事文献的采集、编目、加工、书库管理、阅览服务、参考咨询等工作，大部分是劳动密集型操作，重复性、烦琐性、体力性的工作比较多。随着信息时代的到来，信息需求急剧增加，图书馆服务工作的范围、对象、内容、方式、手段不断扩展和增多。新技术的发展，改变了服务人员与用户之间的互动关系，用户不再局限于与服务人员面对面，图书馆服务工作的劳动逐步从劳动密集型向智力型转变。图书馆员的大量工作任务转向对知识信息进行整合，对网上信息进行检索与筛选后进行超级链接等方面。图书馆员已经成为"信息导航员""网上冲浪员"，是信息的中介，直接参与市场信息交流活动。图书馆提供的服务的知识和技术含量不断增大，表现为信息增值服务。

第四，转为整体协调式管理。图书馆服务通过技术手段，读者可以在短时间内一站式获取所需信息。随着新技术的发展，图书馆的服务管理必须有整体的协调性，树立大服务的观念，做到内外结合、横向联合、资源共享，才可能满足用户的需求。

## 二、图书馆读者服务工作的建议

为适应图书馆种种工作的变化，图书馆应实现如下的转变：

### （一）实现图书馆走近读者的转变

第一，服务上的走近。图书馆实现从闭架书库到开架书库，使读者亲临其境，亲手挑选自己所需的文献资料。图书馆设立各种新书专架、推荐书架、书目展示等，受到读者普遍欢迎。

第二，管理上的走近。图书馆中面向读者的各项规定可重新定位，从读者的角度出发进行文字的修改，其中包括文字规范，使用国内外通用表达方式；语言委婉，让读者易于接受等。还可以在读者中建立社会监督员队伍，由读者来明察暗访，对图书馆管理的各个方面评头论足并予以打分，馆中定期召开监督员会议，由馆领导和有关部门负责人参加，对监督员所提各项建议均逐一落实。还可联系其他图书馆，各馆之间进行网络连接，实行馆际互借、借阅一卡通和异地借还。这些做法，都让图书馆更加贴近读者，也使图书馆的优良服务充分体现出来。

## （二）实现服务者的角色转变

图书馆应该推行以读者为本的"繁简观"，即上繁下简，内繁外简，前繁后简。所谓上繁下简，即在管理层应该充分讨论，反复酝酿，各方协调，细则具备；而到一线服务之处则应政令从简、布置清晰、易于操作、执行坚决。所谓内繁外简，即在图书馆内部，各项服务制度、服务流程、岗位职责应该制定得十分详细，规定得十分具体，各项服务活动的准备工作要做得十分充分完备，各项应急预案应考虑得十分周到细致；而对读者和公众，应该言简意赅、易于理解、便于遵守。所谓前繁后简，即在读者第一次到馆时，或为到馆读者提供首次咨询和服务时，应该主动询问、回答具体、介绍详细、服务耐心，以避免读者因不了解情况而为其带来各种麻烦；而对常来的读者，则要处处为读者节约时间，要言而不烦、动作快捷、方便高效、服务专心。

## （三）实现质量提高型的转变

图书馆的服务在数量增加的同时，必须实现向提高质量的方向发展，这是不断满足读者需求的服务理念。读者的需求是在不断发展变化的，当我们在扩大图书馆的面积、拓展阅览的空间、增加图书期刊的品种、策划图书馆的服务项目、壮大图书馆员的队伍，加大图书馆的投入，甚至进行图书馆大规模扩建的同时，我们应当十分重视提高图书馆的服务质量。

在当代信息和知识总量剧增的情况下，广大读者已不满足于以往图书馆的传统服务内容和方式。图书馆作为知识的门户，其图书馆员能够成为知识的采集者、知识的加工者、知识的组织者、知识的管理者、知识的交流者、知识的提供者和知识的教育者，总而言之，要成为知识的导航者。图书馆在加强现有馆员队伍的培训、不断引进优秀人才加入图书馆员队伍的同时，我们也可以实行"借资工程"和人才的柔性流动，既可以聘请社会上各行各业的专家到图书馆进行坐堂咨询，既可以是综合性咨询，也可以是专题性咨询；也可以借鉴大学和研究所里的开放型实验室的做法，邀请国内外的专家来从事一些研究项目，以便更好地为读者服务。

要实现图书馆从数量增加型到质量提高型的转变，就要对广大的读者进行个性化的服务和超常服务。图书馆的超常服务，也是图书馆服务质量提高的实质体现。同时，图书馆的超常服务也体现在图书馆员为读者所提供的延伸服务。延伸服务有时间上的延伸（图书馆正常服务时间之外），也有范围上的延伸（越出本岗位的服务局限），还有内容上的延伸（超出图书馆业务服务范围），以及空间上的延伸（为外地及境外读者服务，为读者离开图书馆后提供服务）。要实现图书馆从数量增加型到质量提高型的转变，还应在图书馆中创造并培育出标志性的信息服务产品。

# 第二节　图书馆读者服务的精细化发展

## 一、图书馆读者精细化服务的内容

"随着时代的发展，对图书馆读者服务工作也提出了更高的要求，只有不断创新图书馆读者服务工作，提升服务的精细化水平，这样才能使图书馆读者服务工作符合时代的发展要求。"[1] 图书馆读者精细化服务主要包括以下几个方面：

第一，接待读者工作。接待读者工作，主要是帮助有借还书需求的读者进行图书的借还工作，倘若图书馆内存在自主借还图书的智能设施，那么此类工作就会转型为引导读者使用自助借还设备的工作。

第二，组织与执行阅读推广工作。组织与执行阅读推广活动，主要结合图书馆运行情况与社会的发展情况定期推出优秀图书的书单，或者开展读书会等分享交流活动。

第三，整理书架工作。整理书架工作主要是对图书馆内的图书进行定期整理，保持图书始终在一个整齐协调的环境下，要根据书架容量及时进行扩充，将原有图书导入新书架中。

第四，资讯参考服务工作。资讯参考服务工作是对读者进行咨询参考的读者精细化服务，包含了馆内的所有咨询服务。

① 陈玲. 创新高校图书馆读者服务精细化研究之我见 [J]. 中小企业管理与科技（上旬刊），2019（05）：91-92.

## 二、图书馆读者精细化服务的实现途径

### （一）建设全面周到的服务体系

推动社会文化服务标准化建设为基础，不断优化图书馆的读者精细化服务体系，切实提升图书馆读者服务体验。针对图书馆读者精细化服务标准的要求，应该按照读者的差异性建设一个覆盖全面且周到的读者精细化服务体系。

第一，图书馆应该充分收集社会发展过程中的政策资料，为图书馆的服务提供信息保障与依据。并收集所在地市省份的相关信息，为当地民众的文化民俗也提供一个了解的途径。

在实际提供读者精细化服务的同时，图书馆方面应该充分以不同的读者群体为基础，提供不同的读者服务以满足现实需求。图书馆要针对读者提供相匹配的阅览室，为读者提供阅读的良好环境。在此基础上，图书馆还应该借助现今快速发展的信息技术来帮助自身提升读者服务质量，给读者带来更加现代化的图书馆精细化服务。

第二，还要针对当地重点建设的文化项目作为着力点，提供必要的文化领域支持，并为区域内各类组织群体提供文化信息服务，建立以图书馆为基础的读者精细化服务体系，为当地发展提供必要的文化体系保障。组建与周边地市的图书馆合作新格局，联动周边地市的图书馆进行经验交流分享，以此来提升图书馆读者精细化服务的质量。

### （二）展开有针对性的差异化服务

图书馆应对不同群体的读者展开不同的有针对性的读者服务，例如要划分成人与少儿的阅览室，并提供与之相匹配的读者精细化服务。此外，还可以根据少儿的阅读特点来重点配置少儿图书与教育图书，对少儿阅读空间进行科学合理的布置。还可以利用现如今的VR虚拟现实技术，让少儿进入到书籍里的世界，充分满足其好奇心，提升少儿的阅读兴趣与积极性。

此外，图书馆还可以针对退休的老年读者提供专门的阅览室与服务通道。保证老年读者安静的阅读环境，帮助解决借还书等操作问题。并增加区域内关于养生保健内容的书籍供老年朋友阅读。此外，图书馆还可以结合实际情况，展开当地老年退休读者的文化培训工作，为当地退休的老年用户提供一个优质的文化交流平台。

### （三）充分掌握读者的真实服务需求

针对读者的实际需求进行充分的掌握，调整一系列的读者服务来达到精细化服务的目

的，针对馆内图书的数目排列进行优化。在优化过程中，还要充分地将读者用户的需求考虑在内，制定科学合理的书籍排列方式，为读者提供优质的精细化图书馆服务。

结合实际情况，设立相应的图书自助还书站，充分提升图书馆的服务质量，甚至可以探索全天不间断的自主图书馆，为社会大众提供更为高效便捷的借还书服务。图书馆作为人员密集的公共场所，要建立起专门的消毒区域，初入图书馆的读者与工作人员都必须经过消毒区域进行消毒处理，充分保证读者的身体安全。此外为了增加读者安全感，还可以在图书馆内部设置一定数量的消毒柜，进行图书的消毒工作，严格保障书籍的安全性。此外，图书馆还要秉承创客理念，在图书馆内部提供创客空间，为读者提供场地与设施，以及在创客空间内可以免费使用的设备与工具，并提供充分的文化信息服务，帮助青年创业团队不断壮大发展，促进社会的进步。

在图书馆内部还应该设立找书服务，倘若读者在查找图书过程中并没有找到书籍，那么就可以在图书馆内部的服务台请求帮助，由图书馆工作人员帮忙寻找，并办理借书手续，倘若馆中并没有该图书的纸质书，那么也可以建议读者阅读电子版图书或自行购买。

## （四）发挥图书馆的文化传播作用

图书馆要打造属于自身的文化传播品牌效应，积极开展大规模的文化信息交流活动，促进社会发展，满足群众文化传播与阅读的精神需求。同时还可以利用网络手段，将文化活动用网络直播的形式吸引更多的人进行了解。可以参照网上课程的运行方法来开展教育类视频。依托图书馆自身庞大的信息数据库，可以更加全面地向读者提供学习书籍与资源，同时还可以举办读书日，吸引当地群众参加这种线下文化活动。

充分提升图书馆的教育职能，作为社会中传播文化信息与价值的公共单位，在对读者提供精细化服务的过程中也要充分注重自身的文化职能。要依托自身丰富的文化资源举办各类文化活动，包括但不限于举行教育讲座、文化展览、艺术鉴赏会以及文化技能培训等，以此来充分满足社会大众的实际文化需求。目前我国社会正处于高速发展期，经济技术不断更新升级，图书馆在这种大环境下也要做到与时俱进，不断更新自身的服务理念与硬件设施。坚持弘扬中华传统文化，提升大众的文化素养，以此来实现图书馆的文化传播与教育价值。

总之，作为我国公共文化传播的重要场所，图书馆提供的文化服务对于社会大众的文化需求是可以充分满足的。但是图书馆提供的读者服务内容与服务模式，会因社会发展而发生变化。我们知道，对于图书馆来说，自身对于社会大众的文化推动是可以起到积极作用的，并且不断加强文化社会建设的基础。在我国社会发展中，图书馆充分发挥了文化职能职责，对社会发展也是极具现实意义的。图书馆能够满足社会大众的文化需求，但是也要进行不断的升级创新才能将自身图书馆功能与服务落到实处，让图书馆提供更加精细化的读者服务，为建设文化社会更好地贡献力量。

## 第三节　大数据技术与图书馆读者服务工作创新

"大数据具有海量、类型多样、快速处理和高价值等特点，给图书馆开展个性化服务带来机遇与挑战。"[①]在大数据的环境下，图书馆应该创新服务理念，借助网络平台的力量，创新图书馆的服务工作，对读者实行人性化的服务，才能进一步推动图书馆的健康持续发展。

### 一、大数据环境下图书馆读者服务工作的优势

第一，人性化的读者服务理念。在大数据的环境下对读者展开服务工作，打破了图书馆传统的服务观念，将图书馆书籍的主体地位转化为图书馆读者为主体。所以在大数据的环境下，图书馆中传统的书籍逐渐被电子文档代替，以数字化、电子邮件等形式，为读者提供优质的服务，使读者的阅读不受时空的限制，也能快速获得有价值的知识信息。

第二，多元化的读者服务内容。图书馆在发展的过程中，资源以及书籍的质量都随之提高。在大数据环境下，网络中的数据资源有资料、图书、视频等，打破了传统书籍的阅读方式，将图书馆原有的服务工作拓展为计算机网络中的多元化服务中，为图书馆读者提供多元化的服务。

第三，多样化的读者服务手段。在大数据环境下，将传统的服务转变为现代化的服务，把服务工作中的咨询、借还工作转移至信息化的平台中，使得图书馆的管理工作趋向于智能化的管理，凸显出多样化的服务手段。

### 二、大数据环境下图书馆读者服务工作的创新措施

大数据环境下，图书馆应该创新服务工作，将读者作为主体展开服务工作，满足读者的阅读需求，为读者提供优质的阅读体验，才能使图书馆的服务水平得以提升，进一步推动图书馆的稳定发展。大数据环境下图书馆读者服务工作的创新措施如下：

---

① 陈臣. 基于大数据融合的图书馆读者个性化服务 QOS 保障研究 [J]. 图书馆工作与研究，2016（02）：44.

## （一）转变读者服务工作服务理念

图书馆要想在大数据的环境下稳定发展，就需要转变图书馆服务的理念。图书馆应该转变为人性化的服务理念。将图书馆的读者作为服务的主体，满足读者的阅读需求，为读者提供优质的服务。图书馆的管理员，不仅要管理好图书馆的一些事宜，还要为图书馆读者提供服务。所以在大数据的环境下，图书馆还应该提升管理员的综合素质和知识能力，管理人员不仅要掌握网络平台的技能，还要增强知识体系。管理员还要加强与读者之间的交流，热情接待读者并耐心回答读者的疑问，并从读者的阅读体验中调查对图书馆提出的意见，以此来提升图书馆的服务水平。

## （二）实现多样化的读者服务方式

在大数据环境下，图书馆需要实现多样化的服务方式，才能顺应时代的发展，为读者提供多样化的服务，更好地满足读者的阅读需求。

第一，图书馆可以更新检索文献的软件。图书馆对检索文献的软件进行更新，便于读者对文献的检索，不仅能够节省读者检索的时间，还能够提高文献的质量，从而为读者提供优质的信息资源。

第二，图书馆可以开展培训活动。在图书馆开展读者的培训活动，能够使读者充分了解图书馆的管理模式，满足读者的需求，为读者提供多元化的服务内容。图书馆可以为读者提供培训的场地以及设备，鼓励读者组织文献检索知识培训以及计算机知识培训等，并在读者的实践过程中加以引导。所以通过这种方式，不仅能够使读者拓宽对图书馆服务的认知，还能够提高图书馆在社会中的知名度。

第三，改善图书馆阅读的环境。图书馆中良好的环境，不仅能够陶冶读者的情操，还能够提高读者的阅读效率。在大数据的环境下，图书馆可以完善内部的网络设备，例如：在图书馆建立环境舒适的休闲区，为读者提供娱乐，给读者带来不同的阅读体验，还可以放置几台触屏电脑，使读者在获得知识的同时，还能使身心放松，全身心地投入知识的海洋中。

## （三）健全读者服务管理机制

在大数据环境下，图书馆可以健全管理机制，对读者的阅读时间、活动的范围、感兴趣的书籍类型、设备的使用情况等进行总结并形成数据图表，更加直观地呈现出图书馆资源以及设备的使用情况，促进图书馆资源的合理配置，使图书馆的工作人员更好地为读者提供服务。

图书馆要健全工作人员的激励制度以及绩效考核机制，以此来激发工作人员的工作热情，增强工作人员的责任感，使他们意识到服务工作的重要性。另外，图书馆中强大的处理系统，能够使管理员在短时间内获得读者的大量信息，管理员就可以根据读者的阅读喜好整理书籍资源，从而为读者提供更优质的阅读服务。

# 第四节　新媒体时代图书馆读者服务工作完善

## 一、新媒体时代下的阅读

### （一）新媒体对阅读的影响

20世纪90年代新媒体的出现，给人类社会生活的各个层面带来革命性变化与影响，而对信息传播、图书馆事业和读者使用文献信息的影响更为巨大，突出表现是改变了读者的阅读心理与行为。这些改变首先缘于新媒体导致信息传播技术手段、传播载体、文献信息文本的变化，从而形成全新的网络化阅读、数字阅读、电脑终端阅读、平板电脑阅读、手机移动互联阅读。

新媒体阅读不同于以图文符号为主要形式的传统纸质阅读，它的符号包括文、图、影、音等多种形式。数字技术带来了立体传播方式，出版从以图文为主，到现在的集文字、图像、声音为一体，人们的阅读从"读书"发展到"读媒体"。传统的图书、报纸、期刊等纸媒体阅读一统天下的局面，正逐渐地被图画书阅读、动漫阅读、电视阅读、网络阅读、手机阅读等现代纸媒体和电子媒体阅读瓜分。

然而，新媒体阅读既有许多优势与特点，同时也出现了一些值得重视、需要认真对待和研究的新问题，对图书馆和图书馆服务形成严峻的挑战，甚至冲击。

### 1.新媒体背景下的信息技术

新媒体是一个相对的概念，一个新出现的媒体形态，相对于过往的媒体，都可以视作新媒体。新媒体同时还是一个宽泛的概念，利用数字技术、网络技术，通过互联网、宽带局域网、无线通信网、卫星等渠道，以及电脑、手机、数字电视机等终端，向用户提供信息和娱乐服务的传播形态都可以视作新媒体。新媒体具有交互性与即时性，海量性与共享性，多媒体与超文本，个性化与社会化等特性。严格地说，新媒体是指数字化新媒体。新媒体就是能为大众同时提供个性化内容的媒体，是传播者和接受者融会成对等的交流者、无数的交流者相互之间可以同时进行个性化交流的媒体。

随着移动互联网的广泛应用，新媒体给人类的信息生产、传播、使用等带来深刻的影响。自微博、微信相继问世，微时代带来微阅读、微传播，这又给图书馆和文献信息的服务、使用带来一次变革。

2. 文献阅读的变化

新媒体背景下的传统文献阅读，除了保持原有对传统文献资料的阅读方式之外，在阅读传统文献的过程中，由于存在新媒体所支撑网络数字资料和新媒体技术习得或影响，人们的阅读行为会发生改变。目前，需要深入阅读的专业文献有着电子文本不可取代的作用。一是因为这类文本知识系统性强，有一定深度，读者需要反复阅读和思考，读者翻阅纸质文本时可以更专注地进行专业思考和探讨。二是新近出版的专业文献，涉及知识产权保护，很多没有电子文本或在网络上找不到，只能购买或到馆查阅。三是读专业文本的读者大多数是 1985 年前出生的那代人，他们从小阅读纸质文本，虽然在新媒体时代，他们也会阅读电子文本，但仍然保持阅读纸质文本的习惯。所以，传统的纸质文本具有不可忽视的重要作用。

## （二）新媒体阅读的特征与类型

新媒体阅读是指依靠各种数字化平台或移动终端，以数字化形式获取信息或传递认知的过程。当今社会，新媒体阅读越来越成为人们的主流阅读活动和占主导地位的阅读，传统阅读的地位、功能作用日渐式微，当然传统阅读有它的优势，可以在新媒体阅读背景下，发挥其独特的作用，两者之间有互补和相互依存的作用。新媒体阅读主要包括网络在线阅读、手机阅读、各种电子数据文本阅读等。

1. 新媒体阅读的特征

（1）开放的阅读环境。新媒体阅读依托互联网技术，以及各种移动设备，不受时空限制，可以随时随地阅读，因此相比纸质文本具有更为开放的阅读体验。

（2）多种多样的信息呈现和互动形式。新媒体文本以多种符号相融合的方式显示，文字、图像和声音共同作用于读者的感官，使读者得到丰富的阅读体验。而且，在阅读纸质文本时，基本上是一种单向传播，而在新媒体阅读中读者可以参与文本信息传播，及时反馈、沟通和交流，既是信息的接收者，也是信息的传播者。

（3）充满个性化的阅读。传统阅读是一种按部就班的线性阅读。新媒体阅读是超文本、超链接的非线性阅读，读者可以随时延伸文本信息，停留在任何自己感兴趣的点上，同时还可以通过搜索引擎对兴趣点做进一步的探索。

2. 新媒体阅读的类型划分

新媒体阅读外延很广，可以说传统阅读之外的阅读都可以视作新媒体阅读。我们这里只论及利用台式电脑上网阅读的网络阅读、利用数字图书馆的数字阅读和在移动互联条件下的移动阅读三种类型。

（1）利用台式电脑上网阅读的网络阅读。这里专指利用电脑在互联网和数字图书馆的阅读。网络阅读，文献资料庞杂，便于读者比对参考，对于想快速查阅相关资料是一种很好的手段。

（2）利用数字图书馆的数字阅读。数字阅读指的是阅读的数字化，主要有两层含义：①阅读对象的数字化，也就是阅读的内容是以数字化的方式呈现的，如电子书、网络小说、数码照片、博客、网页等；②阅读方式的数字化，就是阅读的载体、终端不是平面的纸张，而是带屏幕显示的电子仪器。与传统的纸质文本相比，数字化电子出版物具有存储量大、检索便捷、便于保存、成本低廉等优点。

（3）基于移动互联网的移动阅读。移动阅读使户外行走时、旅途中的阅读成为越来越常见的现象。今天，很多人在上下班途中或乘车途中，都在拿着手机阅读。

移动阅读的内容和形式。移动阅读由于是读者利用短暂、闲暇时间或在旅途过程中的阅读，实用性、休闲性内容成为重要内容。人们对文献思想和有深度的信息更为关注，如果配有图片，则更生动、更吸引人。

手机阅读的代表形式是短信阅读、手机的文本阅读，如手机报、手机阅读小说等。短信阅读的优点是可大量群发、成本低、信息短小、言简意赅；而 txt 文本则将人们原本只能在电脑上阅读的电子书转移到了移动终端上。人们可以在车上、路上和其他无法上网的地方阅读。通过无线技术平台，可以在手机上开发发送短新闻、彩信、动漫和 WAP（上网浏览）等功能。

## （三）新媒体时代阅读行为变化的积极意义

新媒体阅读是一次即时、深度的阅读革命。从读者个人来说，新媒体阅读一改传统媒体阅读的路径依赖，有利于读者发挥发散性思维和创造性思维，有利于个体更加自由全面地发展；从社会层面来说，新媒体阅读有利于集合众人思维和众人智慧，使众包众筹等形式顺畅进行，有利于减少成本和创造新事物或新方法。

新媒体时代国民阅读行为变化的积极影响表现在以下两个方面：

### 1. 更加自由便捷的阅读

阅读更加自由便捷，表现在阅读方式选择上读者的选择可以更加个性化。读者通过新媒体阅读可以从一个文本链接到另一个文本，从一个镜头转到另一个镜头，可以在网页之间自由切换。于是，不同的读者或同一读者，在不同的阅读时段和场合，阅读同一作品时所获取的信息内容结构很可能会有不同。读者阅读自主权大大提升，发散式阅读大大增加了读者接受不同信息组合的可能，可以说，数字阅读开创了个性化阅读的新阶段。在阅读时间方面，读者的选择更自由。

数字化技术的阅读的媒介对读者生活的渗透也非常全面，读者在阅读时间的支配上也非常自由。原先忙于奔波而无暇读书的人们，在奔波的同时利用手机或其他便携式终端就能把书读了。在阅读媒介方面，数字媒介的兴起，并不意味着传统纸质媒介的消亡。读者完全可以自由选择，既可以拒绝数字化，坚守书斋生活，也可以选择互联网而放弃纸质图书，当然更可以"左书右网"。人们获得"读者资格"更容易了，只要会用手机，就可以享受阅读的乐趣。数字阅读降低了读书的门槛，只要有一部手机、一个立锥之地，读者就可以享受阅读的乐趣。

### 2. 更加自由和丰富多彩的精神生活

由于阅读更自由便捷，国民的精神生活也更丰富了，其具体表现，就学习与思维方式而言，可以实现泛在学习。泛在学习就是指无处不在的学习，是一种任何学习者可以在任何地方、任何时刻获取所需的任何信息的学习方式。数字阅读是追求一种动态和综合性理解的阅读。

基于数字阅读的学习方式，赋予学习主体更大的自主性。数字阅读的超链接特征看似造成了阅读的不连贯性，但事实上，在学习者知识建构方面是连续的，而最重要的是对在线学习者自己的知识建构是习惯的、合理的、具有内在逻辑的。就表达与创造方式而言，实现了读者即作者，从而也实现了表达和创作的更大自由。与此相关联，网络在总体上有助于提高大学生的信息解读和甄别能力。

## （四）新媒体时代阅读心理与需求的变化

### 1. 新媒体阅读的心理

新媒体阅读，会带来人们阅读目的、需求、动机等阅读心理的改变，由此必然导致阅读行为的改变，新媒体阅读使人们的阅读目的朝着实用信息、休闲信息的获取和消费方向转变，网络文本的丰富和生动使得阅读非常方便和有趣，使其阅读性质发生变化。

## 2. 新媒体阅读的需求

社会学认为，需求有着无限丰富和发展的上升规律：人们在生产时也生产着自己新的需求，并为满足这种需求而不断创造新的更高级的满足手段，这种相互作用形成了需求无限丰富的上升规律，即需求嬗变规律。

新媒体环境下，人们阅读需求的变化表现在需求的个性化特征更加显著。读者借助于新媒体进行阅读，其阅读需求上升和个性化主要依靠数据挖掘技术、推送技术、智能代理技术而实现。新媒体的使用本身就是个性化的，网络虚拟空间为读者间的交流提供了广阔而又相对自由便捷的场域。

随着电影、电视的相继产生和普及，视觉文本直观、浅白的传播特性再加上声音对听觉系统的刺激，使得人们可享受另一种更为轻松的阅读，在感官上得到极大的满足。乃至网络和手机等新媒体的出现，视觉文本和阅读符号进一步多元化。新媒体结合了文字、图片、图像、声音、语言、动画等一切可以运用的符号形式和介质，使人们获得了前所未有的视听美感和审美通感。同时，信息的跨时空传播也使得全球成了大一统的多媒体世界。在这种新媒体建构的虚拟世界中，阅读主体追求感官愉悦的信息需求得到了极大的满足，阅读的动机也发生了潜移默化的转移，具有时代特征与体现生活潮流的文化产品、休闲娱乐成了很多阅读主体的主导动机。

## 3. 读者新媒体阅读行为与方式的变化

工作和生活社交网络化已成为一种普遍现象，新媒体阅读对读者行为与方式的影响主要有以下几方面：

（1）浅阅读将成为大众阅读的主流。互联网的开放存取精神，造成信息无限膨胀。而读者的时间是有限的，现代生活的快速移动使人们把很多时间花费在交通工具上，读者静下心来阅读的时间更有限，有限的时间应对无限的信息，读者自然选择了浅阅读，不需要多费脑子的图文声像成了读者阅读的主要文本。

（2）阅读移动化。今天，人们的出行活动空间和频次呈现前所未有的增加，人们为了适应这些变化，需要了解大量的信息，而且往往是信息的即时需求，移动网络技术满足了人们这项需求。由于包括移动互联网和手机在内的新媒体实现了信息的海量存储，并具备便携性特点，在强大的用户基础上，移动阅读在人们阅读生活中的位置越来越重要，并渐趋主流，成为人们的阅读常态。

（3）阅读过程互动化。新媒体的最大特点是交互性。因此，新媒体阅读可以凭借网络技术实现实时反馈沟通、交流互动，形成双向传播，读者既是受众，也是传播者。

（4）阅读方式多样化、个性化、共享化。新媒体背景下，新媒体阅读方式包括以下几种。第一，出现多样化：①知识点阅读，即从"一本一篇"的阅读发展到对按一定主题排列展现的知识点进行阅读；②融合式阅读，即从对单一文字信息的阅读发展到对以文字信息为基础的多种形态信息相融合的多媒体的阅读；③互动式阅读，即从个体阅读发展到人与人之间在交流互动中阅读；④无缝隙阅读，即从特定场合条件下的阅读发展到随时随地进行阅读。各阅读引导与服务组织应该充分认识新媒体环境的这些阅读特点和方式，采取更多、更灵活的阅读引导方式。第二，读、听、看三种方式，根据读者个性化需求，任意选择或组合使用。第三，阅读范围更为广泛。第四，读者之间喜欢分享自己的阅读心得，实现阅读的共享化。

（5）多种阅读并存。新媒体阅读时代，泛读、研读、浅阅读、深阅读、碎片化阅读、整体性阅读是并存的、同在的。比如，主题阅读、知识点阅读就属于研读和整体性阅读。

（6）阅读文本泛化。新媒体的出现，打破了传统媒介之间泾渭分明的固有边界，媒体形态日益模糊，媒体融合成为现代传播发展的主流，视觉文本大量出现。但传统的阅读动机、阅读心理机制、阅读性质、阅读效应、阅读价值等受到了严重的消解。此外，社会竞争的激化导致生活节奏加快，使得人们的阅读欣赏口味日趋休闲化、功能化、大众化和简单化。

（7）可以分享阅读心得。互联网上有各种阅读论坛和 QQ 群，例如豆瓣，将图书分门别类地加以整理，很多相同专业相同爱好的人在阅读后可以边看边和别人分享，可以就书中内容与网络上的朋友进行讨论，增强了阅读的趣味性，也引发了读者更深层次的思考。读者还可以在微博、微信上推荐书目、分享评论。

4. 读者接触新媒体行为和阅读内容的变化

新媒体时代读者阅读主题偏好发生变化：①纸质图书小幅增长报刊持续下降；②新兴媒体领衔阅读增长；③纸质书仍是读者最爱；④国民对阅读有更高的要求。

# 二、图书馆读者服务工作展望

不管新媒体将来还会有怎样的发展，以及将给图书馆事业与图书馆读者服务工作带来什么影响和变化，有一条是肯定的，那就是图书馆不会消失，图书馆事业也不会消亡，只会以新的形式和样态继承与发展。因为人类的信息需求依然存在，只是获取的行为方式发生了变化，读者依然需要图书馆的相关文献服务，图书馆依然有其旺盛的生命力，只是服务的理念方式将发生深刻变化，将来很可能是传统图书馆和数字图书馆长期并存。一方面，传统图书馆在维护传统服务时，会更多提供数字类多样化服务；另一方面，数字图书馆会以一种全新的内容和方式为读者提供大数据服务。因此，图书馆读者服务工作将呈现新的特征。

第一，读者服务工作的社会化。新媒体背景下图书馆服务将向社会化方向转变。服务工作社会化是由读者社会化决定的，新媒体背景下，人们可以通过网络方便地获取所需文献信息，读者待在原地就可以享受图书馆的服务。因此，图书馆读者既包括到馆读者，也包括网络虚拟读者，呈现个性化特征。如此一来，事实图书馆服务对象比以往任何时候都扩大了，原来不能或不想来图书馆的人都有可能成为图书馆服务的对象。

第二，读者服务内容的精品化。在新媒体背景下，由于网络数字信息的海量增长，人们已不像以往那样关注信息的数量，而是更为关注信息的质量，即信息的准确、实用问题。这是由于读者用户在利用网络信息时，存在时间成本问题。也就是说，当读者用户在考虑支付信息使用费用时，同时也在为耗费的可贵的时间而坐立不安。因此，图书馆要为读者提供精准化服务，使读者在尽可能少的时间内获得自己所需要的信息。

第三，读者服务方式的智能化和多样化。所谓智能化，是指读者在进入网络和数字图书馆后，可以充分享受到图书馆所提供的智能化服务，也就是说读者通过网络信息服务部门所提供的数据库和检索系统，能够又好又快地找到自己所需要的文本和信息。图书馆的多样化主要通过开放式服务来实现，如远程服务、非返还式服务等。

第四，读者服务工作的专家化。读者服务工作的专家化，是指图书馆工作人员成为各种领域的信息专家，他们是某门学科信息知识的专家，为网络漫游的读者提供导航服务和知识解答。

第五，读者服务模式的开放化。图书馆建立以读者为中心、以需求为导向的开放式服务体系，为互联网用户提供在线服务。

第六，阅读方式的复合化。人的行为是根据目的和需要而发生的，观察人们的阅读行为及其变化也是同样的道理。由于阅读目的、阅读内容的不同，阅读者必然会采用相应的阅读方式进行阅读，如在碎片时间或移动过程中，人们更趋向于选择方便、快捷的网络移动阅读，而需要深度阅读和研究时，读者更喜欢传统阅读。由于每种阅读方式都有其特点，与之相适应的阅读内容、阅读场景也会有所不同，人们在使用中不断比较，逐渐找到与不同阅读目的、阅读内容相匹配的阅读方式。因此，图书馆要满足读者多样化的需求，既要提供纸质文本，又要提供各种电子终端的阅读文本。

# 三、新媒体时代图书馆读者服务工作的质量提升策略

## （一）突出历史文化优势

现代图书馆所具有的强大的社会功能能够为人们在传承历史文化遗产、接受社会教育及获得科学文化知识等方面提供有力保障，与此同时，现代图书馆所具有的一些高尚、优雅的娱乐功能也是现代传媒无法比拟的。

### 1.具有重要的社会研究价值

现代图书馆不仅存有大量的当代书籍，还拥有数量可观的古典文本及历史文献等，这些历史文化遗产对人们进行历史、文化等研究有着重要意义。虽然现代传媒正朝着知识化的方向发展，但是它在历史研究及社会考察等方面的作用还无法同图书馆相比。因此，现代图书馆应充分发挥自身优势为受众提供历史、文化等方面的研究服务。

### 2.提供深入思考的环境

在新媒体的环境下现代传媒利用各种媒体向人们灌输各种信息，用户可以在现代图书馆中根据自己的喜好选择书籍慢慢品味其内容并认真思考和分析，最大限度地发挥自己的想象力和创造力，从而让自己获得更广阔的思考空间。现代图书馆应充分利用这种独有特征向用户推荐好的书籍，引导用户充分发挥想象力和创造力，使其思想获得升华。

### 3.展开催人奋进的消费活动

目前，现代传媒为受众提供的信息文化大多是一些具有娱乐功能的文化，其中包括餐饮文化、时尚文化及消费文化，这种文化不具有较丰富的精神营养。图书馆具有历史的人文积淀，馆藏丰富而且大多经过精挑细选，能够提高读者的思想境界和文化素养。

我国数字阅读经历了从电脑到手机，再到智能手机、平板电脑和电子阅读器的转变，数字阅读载体的兴起和消失速度都超过人们的预期。人们的阅读方式随着各种载体的出现而发生着变化。传统阅读经过历史的长期考验，被证明是最适合的阅读方式，而这种方式不会因为新兴阅读方式的出现而消失，传统阅读目前仍是最主要的阅读方式。

## （二）顺应形势，转变观念

要想在新的环境中稳定发展，就要对现有的发展理念做出相应的调整。为适应新媒体阅读时代读者的信息需求，图书馆的新媒体阅读服务工作应转变观念，采取多种措施和方式，搞好读者服务工作。

## 1. 建构"人性化服务"理念

图书馆信息服务是一个由信息技术、设施设备、组织环境和读者共同构成的动态系统，其核心是读者。新媒体环境下的读者注重体验、参与、互动等，所以图书馆信息服务，应该以读者为中心，提供人性化的服务来满足他们的阅读需求。人性化服务是一种理念，图书馆人性化服务是指图书馆信息服务要根据读者的阅读行为和心理，设计内容和形式的服务体系，既满足读者的功能诉求，也满足读者的心理需求。图书馆人性化服务，首先，要树立以读者为本的理念，藏用并举，以用为重点；其次，要体现人文关怀，比如政策措施、环境设施、资源建设、开闭馆时间要与人和谐统一，从而促进读者的健康发展。

## 2. 建构"主动服务"理念

主动服务要求图书馆调查搜集读者的阅读习惯和需求，根据馆藏资源，有针对性地为读者提供专项服务。

新媒体环境下，图书馆应主动了解读者需求，主动提供相应服务。比如，国家图书馆、上海图书馆、广东中山图书馆的剪报中心主动与大中型企业联系，了解信息需求，编辑专题剪报，提供信息服务，收到了较好的社会效益和经济效益。清华大学图书馆聘用专业人员为学科馆员，以提高信息资源建设和信息服务质量，主动为教学科研服务。随着智能手机的普及，图书馆可以利用移动互联网技术跟踪读者，与读者交流互动，比如开展发布信息、图书预约、图书续借等有针对性的服务。

## 3. 建构"平等服务"理念

图书馆是为公众提供信息资源服务的场所，读者运用图书馆的目的是获取信息和知识。知识面前人人平等，图书馆要本着平等的理念，尊重每位读者合理使用图书馆获得信息的权利，满足他们的信息需求。

## （三）构建文献资源一体化的知识体系

### 1. 构建多类型文献融为一体的学科知识服务体系

新媒体时代图书馆，在布局上打破图书与期刊、纸质与电子、藏书区与借阅区、读者区与工作区相分离的界限，在一个开放通透的大空间范围内，根据室内面积容量。按照学科知识体系，将与一定学科领域相关的古今与中外、图书与期刊、纸质与数字等各类相同专业文献集中排列，并配备相应的计算机查询、电子阅览设备和网络通信环境，使读者可以便利使用各种资源，形成一个不同载体形式和不同文种文献集成的综合知识库。

在一个借阅区内，既有该领域古今中外的图书，又有期刊、报纸、学位论文、工具书等各类文献；既有纸质资源，又有电子资源；既有当前最新的文献，又有其他年代的本学科系统性馆藏；既可阅览，也可外借，极大地方便读者，从而为读者营造以知识为中心的学习研究环境，实现"以藏为主"向"藏用结合、重在利用"的转变。

### 2. 构建一站式服务平台

构建一站式服务平台的基本思路是，打破传统服务模式中藏、借、阅、咨等读者服务功能各自为政、按业务部门和文献类别划分读者、分段服务的桎梏，把图书馆信息资源整合成一个完整的系统，建构一站式服务平台，通过全方位、多角度、近距离的开放化服务，让读者用最少的时间、最少的精力、最少的环节，获得最多的文献资源信息，为读者的使用提供最大的便利。

## （四）图书馆馆员的角色转变与服务能力提升

新媒体环境下，传统图书馆的管理理念、管理方法、工作方式、服务内容、服务对象和服务方式都要顺应时代变迁的要求进行深刻变革，在这一挑战面前，图书馆馆员只有自身实现角色转变，重新定位服务角色，才能顺应新形势。新媒体背景下，图书馆馆员应成为信息馆员、知识馆员、网络馆员，在具体的服务工作中应努力实现角色转换，以适应新媒体时代图书馆服务工作的要求，更好地服务读者。

### 1. 扭转旧的服务意识，强化信息意识

由于主客观原因，过去的图书馆工作人员信息意识较为薄弱，信息素质较低，工作方式通常局限于简单地为读者提供借还图书，利用自己的知识和经验应付读者口头上的简单咨询。随着政治、经济和社会的发展，人们对信息的需求日益增多，也越来越多样化和个性化，这就要求工作人员必须转变工作方式，强化信息意识，主动调查研究读者信息、读者阅读习惯和读者信息需求，为其提供专业化、个性化的服务。

### 2. 加强新媒介技术素养，完善自身知识结构

新媒体时代，图书馆向数字化、网络化的方向发展。图书馆工作人员必须熟练运用新的技术设备，不断更新知识，完善自身的知识结构，运用自己的专业知识和识别能力，开展网上信息检索，整理馆藏信息资源并做二次开发，为读者随时随地提供集成信息服务。

### 3. 增强服务能力，提升服务质量和品位

在新媒体环境下，馆藏文献信息主要以数字化形式存在，通过网络进行传播。网上信

息的时效性、广泛性、分散性等特征决定了开发利用网上信息的难度，图书馆馆员必须增强服务能力，提高服务品位。

（1）具备网上信息的评价能力。随着互联网的普及，许多用户在终端进行检索信息后，往往被检索到的良莠俱存、真假混杂的一大堆信息所困扰、所裹挟，不得不花大量时间去阅读，使阅读成本直线上升。图书馆馆员应该为用户过滤、筛选、整理最有价值的信息。图书馆馆员应该懂得怎样评价一个信息来源，保留有用的信息，对保留下来的信息做进一步的处理，使之变成有规律的、高速的、集中的、有序的信息，最后再有针对性地传递给相关用户。

（2）具备网上信息获取能力。互联网是一个集各种信息资源为一体的信息资源网，人人都可以在网上自由发布信息。但也正是这种优势带来了信息资料的泛滥，大量信息需要人们去阅读和处理。图书馆馆员要认真研究网络资源分布，熟悉各类搜索引擎的特点，积极主动地帮助用户选择合适的搜索引擎，积极寻找各种检索技巧，以便帮助用户尽快找到所需站点和信息。

（3）具备开发二次信息的能力。网络信息资源庞杂，数字图书馆需要专职馆员对网络信息资源进行开发利用。这就要求图书馆馆员必须具备二次开发和提供二次信息服务的能力。即图书馆馆员把网上原始信息（一次信息）进行加工、提炼或整序等，使之成为新的信息（二次信息）。二次信息比一次信息的实用性更强、更有价值，从而为用户提供最有效的信息。

## （五）借助新媒体手段，提升丰富深化服务内容，拓展服务功能

为适应时代发展，满足不同读者群体的需求，图书馆应打破传统的部门分工壁垒，利用新信息技术拓宽服务领域、扩大服务方式、提升服务水平，服务内容向多元化、多样化、综合化和纵深化发展，不断拓展服务功能，为读者提供人性化的特色服务。

图书馆的人性化服务是指图书馆及其工作人员要有以人为本的理念，在为读者服务过程中，采取富有人情味的服务方式，其核心是在图书馆服务过程中体现以人为本的思想，从读者的需求和利益出发，以读者服务为中心，以读者需求为导向，理解、关心、尊重读者，优化整合图书馆的文献资源和服务项目，让人性化的服务渗透到每一个环节和领域，让读者充分感受到人文关怀，并以一种轻松愉快的心情阅读，使读者有宾至如归的感觉。这是现代图书馆发展所追求的服务理念，是图书馆为读者提供全方位、全流程、全天候、多样化服务模式的必然趋势。

在国内图书馆界逐渐推广的图书馆自助服务也是图书馆人性化服务的一个重要体现。

它是指不需要图书馆工作人员的参与，读者在指定的管理区域、业务范围内，根据自己的兴趣特点、需求偏好和时间安排，灵活、自行地完成借还图书、资料复印、申办新证、书目查询、预约续借、浏览下载、资金处理等活动，从而实现自我服务的一种读者服务方式。转变传统服务模式，深化服务内容，具体有以下做法：第一，可以通过电子邮件、微博、微信公众号等多种形式，开展数字参考咨询服务，如上海交通大学图书馆就是采用 QQ 为校内外用户提供多样化咨询；第二，可以面向某一特定学科课题或科研项目开展定题跟踪服务；第三，可以综合运用数据推送、智能代理、数据挖掘等现代信息技术为读者提供个性化的信息订制服务。

## （六）针对新媒体特点，做好知识服务工作

知识服务是图书馆从各种信息资源中，针对读者需求将知识提炼出来，传输给读者的过程，是以资源建设为基础的高级阶段的读者服务工作。图书馆的知识服务是一种用户目标驱动的、订制化的、全程式的、增值的、集成的、现代化的、产品化的高智商服务。图书馆馆员要充分运用自己的知识技能为读者提供知识服务。图书馆知识服务有以下几种方式：

### 1. 知识链接服务

知识链接服务是指从一个信息物体链接到另一个信息物体，使信息资源形成有机的整体。图书馆知识链接服务的价值，在于通过链接和检索为用户打开一个相关研究领域研究方向的门户，使用户更为直接、准确和快捷地获取信息知识。图书馆应建立从关键词到索引，从文摘到全文，从数据库到数据库，从图书馆到图书馆之间的有机联系，形成信息资源的知识地图，方便读者使用。

### 2. 网上参考咨询服务

网上参考咨询服务是图书馆基于网络技术向读者提供的问答式服务，也是一种新型的数字化服务模式。它是继当面咨询、电话咨询等传统方式后为读者提供全方位、多角度、集成式的参考咨询服务，是图书馆和馆外读者之间的桥梁。完善参考咨询服务的手段，具体如下：

（1）改进 E-mail 和网页表单的捆绑服务，并在此基础上大力开展实时咨询服务，为读者提供高效的服务。依据美国学者曾提出的一个模型，认为基于电子邮件的咨询服务表单应包括三部分。一是个人信息。即提问人的身份信息，比如是教师、医生还是学生，学科专业，提问人希望以哪种方式得到回答（电子邮件、电话还是书信）等。二是主题信息。

除了具体的问题内容之外，提问人还要填写问题的主题、提问的目的和已经参考过的相关资源等。三是限制条件。即对提问人而言，问题在多长时间内回答是有效的，对于引用文献的形式和数量有何限制等。通过表单详细了解读者信息及需求，变被动服务为主动服务，切实提高服务效能。

（2）完善网络咨询平台。读者将问题提到咨询平台，其他人可以利用自己的或网上的资源对问题进行解答。若问题没有得到满意答案，提问者还可以通过对问题进行补充说明、提高悬赏等方法来引起关注，以期得到较满意的答案。同时这些答案又将作为搜索结果，提供给其他读者。

清华大学图书馆是比较早开展网上虚拟参考咨询工作的，值得借鉴，它的具体做法是：表单咨询、实时咨询、电话咨询和当面咨询。其中表单咨询依托于清华大学图书馆与清华同方公司合作开发的虚拟参考咨询系统，主要通过填写表单的形式实现读者互动。此外，为了进一步提高咨询服务能力，清华大学图书馆开发了虚拟咨询馆员"小图"。"小图"依据清华大学图书馆虚拟参考咨询系统的"经常问到的问题"和咨询记录为基础语料库，每天24小时不间断地为读者提供咨询服务。除了图书馆相关问题之外，"小图"还具有"图书搜索""自我学习"的功能，而且还能够与读者进行日常对话、聊天气、聊时事，且对话内容往往让人忍俊不禁，具有很强的交互性，令人耳目一新。同时，"小图"作为应用程序嵌入到人人网上，作为随时值班在线的虚拟咨询员，在一定程度上扩展了清华图书馆的咨询服务领域。

还要加强对读者（用户）的培训和教育，提高读者信息意识，并做好馆员的科学配制，对其进行定期培训。相关方面学界已有很多论述，这里不再赘述。

3. 个性化知识信息服务

个性化知识信息服务是图书馆根据读者的不同需求特点，有针对性地采取主动推送知识信息的服务模式。个性化知识信息服务按所依赖和采用的技术。目前可分为以下三种形式：①个性化推送服务或个性化订制服务；②个性化推荐服务；③个性化知识决策服务。个性化推送或个性化订制服务是指图书馆利用信息推送技术，向用户提供订制的 WEB 页面、信息栏目，实施查询代理服务；或基于电子邮件的知识信息推送，根据用户的订制提供相应的知识信息栏目。个性化推荐服务是指图书馆不但根据用户的特性提供具有针对性的知识信息，而且还能通过对用户专业特征、研究兴趣的智能分析而主动向用户推荐其可能需要的知识信息。个性化知识决策服务是指图书馆利用数据库、数据挖掘、知识提取、人工智能等技术对信息内容进行深加工，向用户提供能够用于决策支持、智能查询、科学研究、解决问题的策略。建立个性化知识信息系统可以帮助用户高效地利用资源，更加方便地进行数据库检索，从而有效地发挥图书馆的社会功能。

### 4.信息集成服务

信息集成服务，其实就是一站式服务。图书馆综合利用现代信息技术，整合馆藏各种资源和服务功能，为读者提供专题式的一步到位的服务。

### 5.信息共享中心（IC）服务

在 IC 服务模式中，信息服务台是整个 IC 的功能中心，图书馆技术部、参考咨询部、多媒体部和数据服务部的工作围绕它而开展。信息服务台工作人员陪伴用户完成知识信息的检索、识别、处理、存储，如工作人员遇到自己不能解决的问题，可以交给其他部门的工作人员解决。它为读者创造了一个顺畅的学习和研究环境。

### 6.运用新媒体技术开展读者服务工作

运用新媒体技术开展读者服务工作如下：

第一，大力发展移动图书馆服务。随着智能手机的普及，提供移动互联网终端服务是大势所趋，方便读者随时随地享受图书馆服务，比如图书馆手机 APP 终端，一机在手，就可阅听图书馆文本资源。

第二，推广微博服务。图书馆利用微博开展的信息服务主要包括知识分享、资源推荐、活动报道、读者交流、馆情通告等项目，微博已成为图书馆提供信息服务、对外宣传、扩大知名度和影响力的重要工具，作为图书馆宣传的自媒体，在图书馆对外服务宣传、用户信息意见追踪反馈、舆论疏导方面起到了重要作用。

第三，使用微信技术。微信公众平台是在微信的基础上新增的功能模块，它可以通过推送文字、图片、语音、视频、音乐等消息，设定自动回复或一对一交流等方式，向关注用户提供更好、更全面的服务，从而达到推广营销的目的，目前已广泛应用于传媒、文化、行政、旅游、金融等诸多领域。微信公众平台的构建成本较低，通过腾讯提供的微信开放平台，可以通过其 API 实现较为复杂的业务功能。基于微信庞大的注册用户，用户无须额外安装 APP 就可以通过微信公众平台获得图书馆的最新动态，实现书目查询、公告查询、个人借阅查询等实用功能，还可以借助数据挖掘和分析工具，为读者提供更加个性化的服务。

第四，借助 QQ 开展读者服务。图书馆借助 QQ 可以实现的服务功能有：

实时咨询。在网上建立实时咨询平台需要一定的人力与物力投入，中小型图书馆不一定具备这样的条件，但可以借助 QQ 等即时通信软件为读者提供在线服务。QQ 所具备的文字、音频、视频聊天等多种功能，能够实现工作人员与读者的即时联系。咨询人员可以在宣传手册、橱窗或网站上公布自己的 QQ 号，方便广大读者联系。

成立主题群。根据不同读者不同时期的特点和需要，工作人员可以建立一定主题的用户群落，如托福、GRE、雅思、高考、考研等，由咨询人员组织成员参加，并将一些有用的电子文档上传到共享硬盘中，从而在读者与读者、读者与工作人员之间建立一个交流和资源共享的平台。

文件传送。在咨询工作中，工作人员经常要为读者远程传送文件，有些文件因扫描图片容量大，无法通过邮箱传送（邮箱附件大都有容量限制），这时 QQ 文件传输功能的优越性就体现了出来。QQ 有多种文件传输方式，如点对点传输、共享网络硬盘、QQ 邮箱等，尤其是点对点传输，可以完成大容量文件的传送任务，这对图书馆参考咨询工作具有很大的用处。

远程控制。利用 QQ 开展图书馆工作也存在一些负面因素，如某些人只是希望同工作人员闲聊，对此工作人员要婉拒，并适时向其宣传图书馆的服务；某些人甚至会向工作人员发出不怀好意的邀请，工作人员要立场坚定，断然拒绝。除了来自读者方面的因素外，个别工作人员责任心不强，上班时间利用 QQ 聊天的现象不时发生，对此，图书馆要加强管理，并对员工进行职业道德教育。另外，加强 QQ 号的安全保护工作也不容忽视。如果工作人员的 QQ 号被盗，损失的不只是图书馆和工作人员，读者将成为最大的受害者。新媒体新科技应用于图书馆服务的形式不局限于以上几种，随着技术的发展，还会出现新的适合图书馆服务的技术，我们应该积极地研究和掌握。

## （七）构建图书馆泛在化创新服务模式

为了应对泛在环境对图书馆服务工作的挑战，必须从以下几个方面抓紧构建图书馆泛在创新服务模式。

### 1. 重视发展以人性为核心的信息创新服务理念

随着科学技术的快速发展，许多新兴信息技术正改变着人们的生活习惯和生活方式，特别是以无线网络为基础的泛在化在图书馆中的广泛运用，对图书馆的信息服务产生了巨大影响，从根本上改变了图书馆信息服务的手段和方式，极大地提高了图书馆的工作质量和工作效率，使那些享受泛在图书馆服务的用户深深地体会到获取知识的便捷和快速，从而更利于图书馆的长远发展。

### 2. 采用高科技的泛在图书馆技术，实现创新服务模式

泛在图书馆的一个显著特点就是用户无论在什么时间、什么地点都能够利用泛在网络

设备来获取自己所需要的知识信息。因此，泛在图书馆服务模式的创新，首先要具有强大的硬件技术支持。随着信息网络的高速发展，无线网络被广泛地运用到图书馆的发展中，这样更有利于图书馆为用户提供服务。要想做到这一点可以采用以下几种泛在图书馆技术：

（1）便于携带的计算模式。这种技术主要是把各种泛在计算设备嵌入到人的身上，以保证对用户的跟踪，实现人机持续性、不间断的联系。

（2）赋予生活化的设备模式。就是将小型计算机、信息访问设备和智能终端设备及云技术集中到人们日常生活中比较常见的生活用品上，便于人们在学习、生活和工作的环境中，随时获得图书馆的服务信息。

（3）智能交互模式。这种模式是将多种智能泛在技术设备嵌入到人们的活动空间，实现泛在图书馆信息服务的自动化和智能化，通过智能设备来准确捕捉用户的需求变化，从而提供可靠的知识信息。通过使用这些技术，可以极大地提高泛在图书馆的工作效率和工作质量，从而实现创新服务模式。

### 3. 服务模式的创新

随着我国信息技术的不断发展，移动服务已经覆盖到社会的各个角落，特别是它们推出的无线网络更方便了图书馆的泛在化发展。那么，为了实现服务模式的创新，图书馆可以使用移动信息服务，来提高图书馆的工作效率。一是开通全文式的阅读模式。图书馆利用移动互联网技术，为全球读者提供全文阅读服务。二是个性化移动检索。读者在搜索界面输入检索要求后，自动保存浏览内容和检索信息，方便读者阅读和检索。

### 4. 服务内容创新

服务内容创新是在传统信息服务的基础上努力超越并拓展新的服务内容和形式，积极构建泛传播环境下的集成信息服务平台和服务模式。图书馆针对读者需求，开展以专题、知识为单元的主题服务，及时对文本信息二次开发，综合利用，建立特色数据库，强化个性化服务，激发读者潜在需求，提升综合服务能力。

### 5. 服务手段创新

服务手段创新要求图书馆管理者要有突破各种阻力，勇于改革的精神。既然是创新，就要改变传统的服务方式，充分利用新技术，开展新的服务项目，拓展服务范围。通过开展定题服务、一站式服务，将最新的技术成果运用到信息服务当中，逐步减少人工服务的比重，增加网络服务、智能服务甚至无线传播服务的内容。在服务手段创新的过程中，应注意把握传统服务与现代服务、馆内服务与馆外服务、一般服务与特色服务、在线服务与离线服务、有偿服务与无偿服务、个性化服务与群体化服务之间的关系，尽可能充分体现以多层次的服务内容为依托和以多样化的服务手段为保障的图书馆信息服务观。比如开展资源整合、查询与咨询三合一式服务。随着图书馆信息资源品种增多，以及信息服务复杂度的增高，图书馆对于资源和服务需要更全面的规划，不仅仅是提供设备、纸本资源和电子资源，也需要提供便利的资源整合、查询与咨询三合一式服务。

### （八）做好特殊群体读者的服务工作

特殊群体包括残疾人群体、老人群体、农民工群体等。这里主要论述残疾读者群体和老年人读者群体的服务工作。

1. 做好残疾读者群体的服务工作

（1）完善法规法律。我国需要完善针对残疾人到公共图书馆借阅的相关规定，并在实际上支持图书馆为残疾读者提供相应服务。

（2）坚持"以人为本"原则，给予残疾读者有效的人文关怀。"以人为本"是图书馆服务工作的根本原则，而残疾读者有特殊的心理，需要特别的人文关怀，图书馆要坚持"以人为本"原则，贯彻"读者为本、贴心服务、共建和谐"的服务理念，给予他们有效的人文关怀。首先，要尊重残疾读者群体，一视同仁。其次，因为这些读者行动不便，可能会遇到其他读者不会遇到的问题或困难，图书馆工作人员应主动了解他们的需求和困难，及时帮助他们解决问题。

（3）关爱残疾读者。图书馆开展残疾读者服务，应该关爱残疾读者，了解残疾读者的基本情况及利用图书馆的情况等。图书馆应建立残疾读者信息库，记录残疾读者的姓名、性别、专业、残疾特征等，以便掌握残疾读者的基本情况。另外，残疾读者因为生理障碍，容易产生自闭心理，自尊心特别强，图书馆工作人员应加强与他们的联系，消除他们的心理障碍，鼓励他们到图书馆借阅和学习。

（4）加强馆藏及设施建设。在硬件上，图书馆要考虑残疾读者的特殊需求。在文献资源上，收集整理适合残疾读者阅读的文本，如盲文读物、医疗健康方面的文本；在设施上，配备轮椅、助听器、放大器、特殊的阅读桌椅等，以方便他们阅读。

（5）开展适合残疾读者的服务。图书馆开展残疾读者服务，应从一切为了读者的角度出发，为其提供便捷的服务。图书馆工作人员可以帮助残疾读者拿取书架上的资料，通过委托为其办理代借服务，图书馆还可开展残疾读者培训和参考咨询工作。

（6）注重服务细节设计人性化，消除自由使用图书馆服务的生理障碍。这里以听障读者服务为例，根据听障读者群体的特殊需求，从用户体验出发，对图书馆现有服务设施、服务手段、服务流程等进行重新设计，使人性化的设计深入服务的每一个细节，以便他们和其他读者一样自由使用图书馆。

图书馆对现有的馆藏检索系统进行技术改进，添加手写输入系统，以便他们能够无障碍地利用计算机进行馆藏检索；在图书馆检索台等听障读者常去的地方加装求助按铃和红色闪灯，以便工作人员及时赶到以提供重点服务；设置好笔和纸，以便他们和图书馆工作人员交流沟通；主动加强与艺术学院特殊教育专业教学人员互动，通过他们向听障学生发放印有图书馆专用号码的联系单，建立和健全咨询服务体系，由专人负责用微信、QQ等方式为听障学生提供在线咨询；以动漫、多媒体和加配字幕等形式加大图书馆宣传力度，普及新生入馆教育；发放图书馆使用手册，提高听障学生的图书馆利用能力和信息素养；加强馆员教育，增强馆员为弱势群体服务的意识和能力，比如学习手语等。

（7）建立共建共享机制，拓展服务领域。由于残障人士信息资源的制作成本高，开发周期长，图书馆应该建立共建共享机制，按照统一的标准和格式建立残障人士服务数据库，如语音电子书库、盲文点字书库等，残障读者可通过身份认证免费自由获取共享数据库资源。

### 2. 做好老年人读者群体的服务工作

老年人是图书馆忠诚度最高的读者群体，图书馆要针对老年人读者的特点和需要提供服务，使他们老有所为、老有所学、老有所乐。可以开展的服务项目有：设立老年读者阅览室，举办老年读者活动，开展素质技能培训，建立老年读者活动中心等。

（1）根据老年读者的心理特点，调整书刊种类。许多老年读者具有文化水平较高、阅历经验丰富、兴趣爱好广泛等特点，因此，他们的阅读需求必然与其他读者不尽相同。充分考虑老年读者的特殊性，合理调整藏书结构，是公共图书馆首先要完成的一项重要任务。

（2）举办丰富多彩、方式灵活的老年读者活动，激发老年读者阅读学习的热情。既可以举办音乐舞蹈、书法绘画、健康生活等休闲娱乐活动，也可以举办古玩鉴赏、传统文化研究等特色性、专题性活动，促进老年读者间的沟通和交流，丰富他们的文化生活，树立图书馆精品服务形象。

（3）本着体贴关怀的精神为老年读者服务。老年读者由于年龄和身体的原因，首先，要给初到图书馆的老人留有专业印象及积极向上的精神风貌；其次，要坚持诚恳的服务态度，对老年人的要求有求必应，帮助他们解决困难；最后，充分利用图书馆资源，尽可能满足老年人的精神文化需求，增加他们的生活趣味。

（4）有条件的图书馆应根据老年读者的阅读心理与行为需求，设立集文化娱乐休闲于一体的多功能、多元化、开放式格局的多功能服务厅，专为老年读者服务。多功能厅可以分为阅览区、展览区、活动区、多媒体影视服务区等，从环境设计到馆藏资源再到服务项目，都要符合老年读者的需要。

（5）针对那些退居二线的老年读者，因为他们仍然从事生产、科研、教学或管理等工作，要积极向他们推荐馆藏资源，提供检索服务，帮助他们顺利借阅。还有，对于那些因特殊原因不能到馆的老年读者，可以提供电话预约、送文本资源上门的专项服务。

## （九）健全读者服务管理机制

在大数据环境下，图书馆可以健全管理机制，对读者的阅读时间、活动的范围、感兴趣的书籍类型、设备的使用情况等进行总结并形成数据图表，更加直观地呈现出图书馆资源以及设备的使用情况，促进图书馆资源的合理配置，使图书馆的工作人员更好地为读者提供服务。

图书馆要健全工作人员的激励制度以及绩效考核机制，以此来激发工作人员的工作热情，增强工作人员的责任感，使他们意识到服务工作的重要性。另外，图书馆中强大的处理系统，能够使管理员在短时间内获得读者的大量信息，管理员就可以根据读者的阅读喜好整理书籍资源，从而为读者提供更优质的阅读服务。

# 参考文献

[1] 毕奂，严丹．馆际互借与读者荐购的统一关联机制研究 [J]．图书馆杂志，2019，38（02）：58-63．

[2] 陈丽娟，徐晓东．文学阅读如何影响读者的心理理论 [J]．心理科学进展，2020，28（03）：434-442．

[3] 陈子君．乡村振兴战略背景下基层图书馆的角色转换分析 [J]．图书馆，2020（08）：58-61．

[4] 程越欣，张晓阳，王正兴，等．高校图书馆自助服务需求识别与质量提升策略 [J]．图书馆论坛，2022，42（02）：139-149．

[5] 段宇锋，郭彦丽，王灿昊．积分的魅力——温州少儿图书馆及温州市图书馆少儿读者服务创新实践 [J]．图书馆杂志，2019，38（02）：25-29+40．

[6] 胡珊珊．图书馆服务特殊读者群体相关工作刍议 [J]．出版广角，2019（04）：45-47．

[7] 环梅．出版直播视角下读者购买意愿的影响机理研究 [J]．出版发行研究，2021（06）：38-43．

[8] 黄海鹰．读者服务满意系统的形成与管理 [J]．图书馆杂志，1997（02）：4．

[9] 李红．公共图书馆少儿阅读推广实践探索——以天津图书馆"月亮姐姐讲故事"为例 [J]．图书馆工作与研究，2018（S1）：185．

[10] 李楠，赵亚娟，李涵昱，等．我国图书馆新媒体移动服务的实践与探索——以中国科学院文献情报中心"中国科讯"为例 [J]．图书情报工作，2020，64（24）：115-121．

[11] 李小千．把握融媒体特征，促进读者服务工作 [J]．出版广角，2022（10）：81-83．

[12] 李卓卓，张康，金磊．种子图书馆：基层图书馆特色转型与社区延伸的探索 [J]．图书情报工作，2021，65（21）：61-69．

[13] 梁灿兴．中国图书馆学用户理论角色的演变 [J]．图书馆，2019（01）：22-29．

[14] 廖雯玲，王兰伟，芦婷婷，等．基层图书馆内源发展动力系统及其运行机理研究 [J]. 图书馆，2020（10）：28-33.

[15] 刘博涵，许京生．国家图书馆读者服务规章制度的沿革与现实思考 [J]. 国家图书馆学刊，2020，29（03）：104-112.

[16] 刘芳．青少年读者课外读物阅读心理倾向调查与研究 [J]. 编辑学刊，2020（01）：99-103.

[17] 刘小玲．浅谈高职院校图书馆读者工作者的情态和心态 [J]. 科学咨询（决策管理），2009（07）：52.

[18] 刘勇，徐双．"双一流"建设背景下高校图书馆情报服务创新发展研究 [J]. 图书馆工作与研究，2020（10）：94-98+122.

[19] 罗立群，李广建．智慧情报服务与知识融合 [J]. 情报资料工作，2019，40（02）：87-94.

[20] 毛军，毛旭，孙婷婷，等．论医学图书馆馆员提高人文素质的基本途径 [J]. 黑龙江科技信息，2017（08）：263.

[21] 佘小芹．互联网时代高校图书馆多元服务路径探究 [J]. 出版广角，2019（08）：59-61.

[22] 宋秋水，佟良．高校图书馆文献采购和读者服务的工作指南 [J]. 大学图书馆学报，2020，38（04）：128.

[23] 陶彩军，范真真，佟建国．面向读者需求的世界一流科技期刊建设 [J]. 出版科学，2021，29（01）：47-53.

[24] 王曼．新形势下公共图书馆青年读者服务工作优化策略分析 [J]. 图书馆工作与研究，2021（S1）：163-167.

[25] 夏果．高校图书馆读者荐购模式研究 [J]. 江苏科技信息，2022，39（10）：32.

[26] 徐雁．推广是图书馆读者服务的重要延伸工作——兼述近现代图书馆推广阅读的先进理念及积极举措 [J]. 图书馆杂志，2020，39（09）：4-12.

[27] 许芳敏．公共图书馆心理咨询工作探究 [J]. 图书馆工作与研究，2021（S1）：150-154.

[28] 闫巧琴．我国图书馆联盟合作式数字参考咨询服务现状调查分析 [J]. 图书馆工作与研究，2020（01）：88-94.

[29] 闫舟舟，詹庆东．媒介融合视角下高校图书馆参考咨询服务流程再造研究 [J]. 图书情报工作，2021，65（03）：61-66.

[30] 杨金花．情境在读者需求判断中的应用探析 [J]. 编辑之友，2019（08）：16-19.

[31] 叶卿．公共图书馆读者服务满意度反馈信息调查与思考——以天津图书馆（天津市少

年儿童图书馆）为例 [J]. 图书馆工作与研究，2020（S1）：78-81.

[32] 袁睿，桂凛. 基于读者阅读心理的高校图书馆工作 [J]. 大学图书情报学刊，2010，28（04）：70.

[33] 袁声莉，徐玲. 新媒体视域下的高校图书馆信息服务——评《高校图书馆读者服务工作拓展与创新》[J]. 中国教育学刊，2021（06）：126.

[34] 张畅. 基于"芸台购"服务平台的读者荐购策略研究 [J]. 图书馆学研究，2020（08）：40-43.

[35] 张铭. 大数据时代图书馆服务面临的机遇及应对措施 [J]. 图书馆工作与研究，2019（S1）：86-89.

[36] 张晓芳. "为人找书，为书找人"溯源及其学理分析 [J]. 图书馆论坛，2019，39（06）：35-42.

[37] 赵苹. 高校图书馆读者服务中朋辈教育模式应用研究——以广东轻工职业技术学院为例 [J]. 图书馆工作与研究，2020（05）：106-112.

[38] 智晓静. 论"图书馆学五定律"的发展历程 [J]. 山东图书馆学刊，2018（02）：10.

[39] 周新跃，李静雅. 我国图书馆读者荐购研究进展与趋势分析 [J]. 图书馆工作与研究，2022（10）：75-82.

[40] 周燕. 优化高校图书馆读者服务建设的有效路径探索 [J]. 湖北开放职业学院学报，2021，34（23）：126.

[41] 朱丽，赵海蕾. 新媒体环境下高职院校读者行为研究 [J]. 吉林工程技术师范学院学报，2017，33（11）：61.

[42] 邹鑫，杨方铭. 电子书产品因素与读者需求的关系 [J]. 图书馆论坛，2020，40（07）：78-86.

[43] 陈臣. 基于大数据融合的图书馆读者个性化服务 QOS 保障研究 [J]. 图书馆工作与研究，2016（02）：44.

[44] 陈玲. 创新高校图书馆读者服务精细化研究之我见 [J]. 中小企业管理与科技（上旬刊），2019（05）：91-92.